Spanish A2

ánimo para OCR 2

Teacher's Book

Isabel Alonso de Sudea

Vincent Everett

María Isabel Isern Vivancos

OXFORD

UNIVERSITY PRESS

OXFORD
UNIVERSITY PRESS

Great Clarendon Street, Oxford OX2 6DP

Oxford University Press is a department of the University of Oxford.
It furthers the University's objective of excellence in research, scholarship, and education by publishing worldwide in

Oxford   New York

Auckland   Cape Town   Dar es Salaam   Hong Kong   Karachi
Kuala Lumpur   Madrid   Melbourne   Mexico City   Nairobi
New Delhi   Shanghai   Taipei   Toronto

With offices in

Argentina   Austria   Brazil   Chile   Czech Republic   France
Greece   Guatemala   Hungary   Italy   Japan   South Korea
Poland   Portugal   Singapore   Switzerland   Thailand   Turkey
Ukraine   Vietnam

Oxford is a registered trade mark of Oxford University Press in the UK and in certain other countries

British Library Cataloguing in Publication Data

Data available

ISBN 978 019 915327 5

10 9 8 7 6 5 4 3 2

Printed in Great Britain by Bell & Bain, Glasgow

Acknowledgements

The author and publisher would like to thank Ainara Solana (language consultant), Sarah Newton (editor).

Paper used in the production of this book is a natural, recyclable product made from wood grown in sustainable forests. The manufacturing process conforms to the environmental regulations of the country of origin.

Contents

Symbols used in the Teacher's Book

 Listening material available on CD

Summary of unit contents

OCR Specification match

OCR topics and sub-topics (A2 level)	Animo 2 Students' Book reference
Society	
Integration and exclusion: age; gender; race; religion; equality of opportunity	Unit 4, pp 38-39 (causes and effects of pollution Unit 1, pp 5-7 (immigration, changes and consequences) Unit 1, pp 6-7 (the advantages and disadvantages of immigration) Unit 1, pp 10-11 (exclusion and equality of opportunity) Unit 3, pp 27-29 (wealth and poverty in the Spanish-speaking world) Unit 3, pp 30-31 (the effects of globalisation) Unit 3, pp 32-33 (unemployment)
Law and order: trends of crime and punishment; civil unrest; policing	Unit 2, pp 15-17 (changing crime trends; representation and reality of crime) Unit 2, pp 18-19 (the influence of gangs) Unit 2, pp 20-21 (prison and its alternatives) Unit 8, pp 86-87 (war and terrorism)
Unemployment: causes and consequences (local, national or global)	Unit 2, pp 52-53 (gangs) Unit 2, pp 20-21 (prison)
The environment	
The individual and the environment: recycling; reducing individual energy usage and impact; local conservation	Unit 5, pp 49-51 (the importance of recycling)
Energy management: alternative energy sources; changing use of fossil fuels; nuclear energy; changing energy demands	Unit 4, pp 40-41 (alternative energy sources) Unit 4, pp 42-43 (sustainable energy use)
Pollution: causes; consequences; solutions	Unit 4, pp 38-39 (causes and effects of pollution in Spain) Unit 5, pp 52-53 (the effect of transport on the environment)
Conservation of the natural world: changing habitats; impact of man and pollution; local, national or global initiatives	Unit 5, pp 54-55 (the sustainability of the planet)
Science and technology: impact and issues	
Medical progress: development and change – impacts on health care, lifestyles, ethics and beliefs	Unit 6, pp 62-63 (medical developments)
Scientific advances: change and innovation – impacts and issues on society, knowledge, education	Unit 6, pp 60-61 (new technology)
Technological developments: change and development – impacts on lifestyles,	Unit 6, pp 59-61 (advantages and disadvantages of technology)
habits, work and education	Unit 6, pp 64-65 (technological advances of the future)

Culture	
Literature and the arts: trends, changes, influences and impacts on individuals and society	Unit 7, pp 72-73 (Literature of the Spanish-speaking world) Unit 7, pp 74-75 (cinema and the visual arts) Unit 7, pp 76-77 (music and dance)
Political issues: changes at local and national level; impacts on the individual and society	Unit 8, pp 82-83 (political changes in Spain) Unit 8, pp 84-85 (democracy, the state and the individual)
Heritage and history: influence and impacts of heritage (including colonial heritage) and historical events (national and international) on contemporary society	Unit 9, pp 93-95 (Latin America) Unit 9, pp 96-97 (Spain and Europe) Unit 9, pp 98-99 (customs, traditions and religions)

Introduction

The course
Welcome to **Ánimo para OCR!**
Ánimo 2 para OCR is the second stage of a two-part Spanish course written to match the new AS and A2 specifications for AQA, Edexcel, WJEC and CCEA. It has been written by a team of experienced authors and practising teachers and is suitable for a wide range of learners.

Rationale
The aims of **Ánimo 2** are:
♦ to provide thorough coverage of the A2 specification for OCR and prepare students for the A2 examinations
♦ to provide material suitable for A2 students of all abilities and to ease the transition from AS to A2 level
♦ to provide comprehensive grammatical coverage and practice of the QCA-defined grammatical content
♦ to help students develop specific learning strategies, for example dictionary skills, independent study, vocabulary learning and pronunciation techniques
♦ to enable students to take control of their own learning by means of learning strategies, reference and revision sections, study skills and opportunities for independent study
♦ to encourage success by providing clear objectives and by practising language via activities with a clear purpose

The components of Ánimo 2

Students' Book
The Students' Book is the complete handbook for advanced level studies, providing a comprehensive and integrated programme of teaching, practice, revision and reference for students. This Teacher Book contains the following sections:

Unidades 1 –9
There are nine units on different topics. Each unit has been planned to be interesting and motivating, as well as to develop relevant strategies and skills for independent study and preparation for examinations. An outline of the content of each unit is given on Teacher's Book page 4.

Repasos
After every two units, there are two pages with a range of revision activities, aimed at providing further practice and consolidation of the language of the preceding units. Some of the activities are suitable for use in class whereas others are more suitable for homework.

Stretch and Challenge
This section on pages 105–113 of the Students' Book provides students with more demanding activities to reinforce the grammar and skills covered in units 1–9.

Essay-writing skills
This section on pages 114–120 of the Students' Book provides students with useful advice on researching, planning, revising and checking your essay.

Gramática
This detailed reference section complements the grammar explanations given within the body of the Students' Book. All explanations are in English so that students are able to use it independently.

Vocabulario
This Spanish–English glossary contains many of the words from the Students' Book.

Teacher's Book
Detailed teaching notes for each unit are provided. These notes include:
♦ suggestions for using the material in the Students' Book, including the revision pages
♦ answers to most activities, including possible answers where appropriate as well as the correct answers for true/false activities
♦ transcripts for all recorded material
♦ a sample lesson plan

Oxbox Resource and Assessment CD-Rom

The Oxbox Resource and Assessment CD-Rom provides five copymasters for each unit:

♦ three general copymasters
♦ one/two *¡Atención, examen!* copymaster(s)
♦ one/two *A escoger* copymaster(s)

Assessment material and planning grids are also included on the Oxbox Resource and Assessment CD-Rom.

Grammar Workbook

This 96-page Workbook contains thorough revision and practice of grammar covered in the Students' Book, with an answer booklet for self-marking if appropriate.

Audio CDs

The Audio CDs provide the listening material to accompany the Students' Book. The scripted material was recorded by native Spanish speakers. All CDs may be copied within the purchasing institution for use by teachers and students. The **Ánimo solo** CD is ideal for self-study and it is advisable for students to have an individual copy of this CD to practise independent listening.

CD contents

CD 1:   units 1–5
CD 2:   units 6–8
CD 3:   units 9 and S&C 1–9

Features of an Ánimo unit
Unit objectives

Each unit begins with a list of topics with page references to their place in the unit. There are also objectives that provide clear information to students about what they will learn in the unit, including grammar and skills. The first page of each unit contains a visual stimulus and some activities to introduce the theme of the unit.

Core spreads

Each of the three core spreads begins with one or two questions to pinpoint what students will learn. Activities in all four skills are included on each spread, leading to a productive spoken and written task at the end of the spread.

Frases clave

These boxes provide key phrases for students to use in their written and spoken outcome tasks.

Gramática

Many spreads feature a *Gramática* section, focusing on a key grammar point. The explanations and instructions in these sections are in English, enabling students to use them independently. Activities are provided (lettered A, B, C, etc.) to reinforce each grammar point, and examples are included in texts on the spread so that students have an opportunity to see the grammar point in practice. There are also cross-references to pages in the grammar reference section and the Grammar Workbook.

Técnica

These sections provide practical skills advice and language-learning tips in English, with activities (1, 2, 3, etc.) enabling students to put the advice into practice. They are ideal for self-study and are intended to improve aspects of students' performance and help them develop as independent learners.

Extra

These are additional activities, often provided on a copymaster, to extend what students have learnt on the spread.

¡Atención, examen!

These two exam-practice pages provide students with additional activities to practise and improve the grammar, skills and examination techniques of the unit.

A escoger

At the end of each unit there is a page of self-study activities to reinforce the language, skills and grammar that students have learnt in the unit. The listening activities are recorded on a self-study CD.

Repasos

These sections provide revision practice with exam-style questions to help students prepare for their A2 examination.

Ánimo para OCR and the new AS and A2 specifications

Ánimo is a structured two-part course intended for use over two years' study and has been written to follow the revised AS/A2 specification for OCR. There are nine units in **Ánimo 2 para OCR,** written to match the content of the revised A2 specifications (for first teaching from 2008).

The style and content of the activities would also be appropriate for use with other exam specifications.

Grammar

Ánimo 2 para OCR provides complete coverage of the QCA-defined grammar content. The deductive approach on the Students' Book pages and the extensive practice provided in the Grammar Workbook ensure that students are able to master all aspects of language structure required at this level.

Assessment

The assessment material in **Ánimo 2 para OCR** has been written to match the style of the major examination boards. Practice in tackling exam-style questions is provided in the *Repasos* sections and in the assessments on the Oxbox Resource & Assessment CD-Roms. Mark schemes for the assessments are provided in the teaching notes that are included on the Oxbox Resource & Assessment CD-Roms.

Key skills

The table below provides an overview of key skills coverage in **Ánimo 2 para OCR.** It shows where there are opportunities to develop and/or assess some or all of the criteria for each key skill at level 3.

The following notes provide examples of how each key skill may be developed or assessed through the activities in **Ánimo 2 para OCR:**

Communication

Teachers should note that, although the study of a modern foreign language helps students to develop their communication skills, *the evidence for this Key Skill must be presented in English, Irish or Welsh.*

Ánimo 2 para OCR offers opportunities for practising and developing communication skills rather than for generating assessed evidence.

For this key skill, students need to:

1a Take part in a group discussion
All **Ánimo 2 para OCR** units provide opportunities for students to discuss topics in pairs, small groups or as a whole-class activity.

1b Make a formal presentation of at least eight minutes
Many of the topics covered in the coursebook provide a suitable basis for a presentation. See also the *Técnica* section in Unit 5, which provides specific guidance on speaking from notes. Students should be encouraged to support their presentations using visuals (e.g. OHP transparencies, photographs, brochures, etc.), PowerPoint, audio clips and other appropriate material.

2 Read and synthesise information from at least two documents about the same subject
Ánimo 2 para OCR provides reading material on a wide range of topics, with activities designed to help students identify main points and summarise information. Students are also encouraged to undertake wider reading when researching information for productive spoken and written work. Their wider reading might include newspapers, magazines, books, publicity material, and Internet sources.

		Ánimo 2 para OCR units								
		1	2	3	4	5	6	7	8	9
Main key skills	Communication	✓	✓	✓	✓	✓	✓	✓	✓	✓
	Application of number	✓	✓			✓		✓	✓	
	ICT	✓	✓	✓	✓	✓	✓	✓	✓	✓
Wider key skills	Working with others	✓	✓	✓	✓	✓	✓	✓	✓	✓
	Improving own learning and performance	✓	✓	✓	✓	✓	✓	✓	✓	✓
	Problem solving	✓	✓	✓	✓	✓	✓	✓	✓	✓

3 Write two different types of document
Opportunities exist throughout **Ánimo 2** for students to attempt extended writing in a variety of styles, e.g. reports, essays and creative material on a wide range of themes, a film review, a biography, publicity material, informal and formal letters, etc.

Application of number

Although it may not be within the scope of a modern foreign language course to generate sufficient evidence to assess this key skill, **Ánimo 2 para OCR** does provide opportunities for students to develop their ability to work with numbers. Numbers feature in most units (e.g. dates/years, percentages, statistics, population figures, etc.); however, the table on page 12 indicates only those units where students are involved in interpreting or commenting on statistics.

Information and communications technology

Students need to be able to:
1 search for and select information
2 enter and develop the information, and derive new information
3 present combined information such as text with image, text with number, image with number

All **Ánimo 2** units provide opportunities for students to develop aspects of this key skill. Criteria 1–3 (listed above) can be combined in a single extended piece of work in activities such as the following:

♦ Unit 1, page 14, activity 3b: Students create a slogan for the themes listed in this activity. Students could design their slogans on the computer.

♦ Unit 3, page 33, activity 5: Students write a letter to explain the problems that very disadvantaged people face when trying to integrate into the modern economy. They could use the Internet to find out more on related topics to support their letter, e.g. micro-credit organisations and community organizations.

Working with others

All **Ánimo 2 para OCR** units provide opportunities for students to work together, either in a one-to-one situation or as part of a group. These opportunities may take the form of interviews, discussions, debates and surveys, or they may involve students in a more creative activity such as producing an advertisement or a PowerPoint presentation, or inventing a role-play. The following example shows how a group task can be developed and expanded in order to become a suitable means of assessing this key skill:

Unit 4, page 37, activity 2: Students work in groups to prepare a presentation to promote one of the four forms of alternative energy listed on the page.

1 They begin by agreeing on which of the alternative energy ideas they wish to promote and deciding how they would explain it. What market should the advertising aim at? How could the product best be advertised?

2 Once they have allocated roles and responsibilities within the group, students then work towards creating promotional material for their chosen piece of technology, checking regularly on progress and dealing with problems as they occur. Then students present their piece of advertising to the rest of the class.

3 Finally, the whole class vote on which piece of alternative energy advertising was the most convincing. After completion of their task, students review their work, sharing constructrive feedback and agreeing on ways to improve collaborative work in future.

Improving own learning and performance

Students are required to:
1 set targets and plan how these will be met
2 take responsibility for their own learning and use plans to help meet targets and improve performance
3 review progress and establish evidence of achievements

All **Ánimo 2 para OCR** units provide opportunities to meet these criteria through:

♦ **Clear objectives and means of reviewing progress**
Each unit begins with a list of objectives, providing clear information to students about what they will learn in the unit, including grammar and skills. In addition to these unit objectives, students should be encouraged to set their own personal targets relating to aspects of their performance that they want to improve, with an action plan showing how they intend to achieve the targets and how they will assess their progress. The *Repaso* sections at the end of each couple of units provide students with a means of reviewing their progress.

♦ **Strategies for improving performance**
All **Ánimo 2 para OCR** units include *Técnica* sections, which suggest strategies and activities to help students develop as independent learners and improve aspects of their own performance. Strategies range from specific listening, speaking, reading and writing advice to tips on using dictionaries effectively and suggestions on recording and learning new language.

Problem solving

Although a modern foreign language course may not generate sufficient evidence to assess this key skill, language learning does provide opportunities to practise and develop problem-solving skills. For example, a 'problem' in language learning can take the form of any unknown word or phrase. If students are encouraged to 'work out' new language for themselves and take responsibility for their own learning instead of relying on teacher support, they develop problem-solving skills.

All **Ánimo 2** units provide opportunities for students to do this. In particular, the *Técnica* sections encourage students to become more independent in their language learning.

Information and communications technology

These notes provide a few examples of ways to use ICT with **Ánimo para OCR**. For more detailed information on current software and technologies, together with practical help and ideas on the use of ICT in the modern foreign languages classroom, you may find the following helpful:

♦ Becta (British Educational Communications and Technology Agency)
www.becta.org.uk
♦ CILT (The National Centre for Languages)
www.cilt.org.uk
♦ Languages ICT
www.languages-ict.org.uk

Internet

Note on Internet safety: Before using the Internet with students, whether for online communication, the creation of web pages and blogs, or for research purposes, it is vital to be aware of safety issues. Guidance on this can be obtained from Becta (see website above).

Online communication

If your school has links with a partner school in a Spanish-speaking country, the Internet offers a range of ways in which your students can communicate with their Spanish counterparts, e.g. email, instant messaging, chat rooms, noticeboards and forums, audio- and video-conferencing, web pages and blogs. All these technologies enable the exchange of a wide range of information, from text and graphics to audio and video clips. They are extremely useful for motivating students, encouraging spontaneous communication and generating a source of additional teaching and learning material. The creation of web pages and blogs (e.g. to be viewed by a partner school

in a Spanish-speaking country) provides students with a sense of purpose, since they are writing for a real audience.

There are many opportunities in **Ánimo 2 para OCR** where online communication can be used to enhance the work of a unit, e.g.

♦ Unit 1 page 7, activities 5a, 5b and 6: As a follow-up to the debate on immigration with a partner class, exchange information about how this is viewed in each other's country.
♦ Unit 5, page 55, activity 5b: As a follow-up to work on sustainability, students could compare their own findings about sustainability of the planet with a Spanish partner class.
♦ Unit 2, page 19, activity 7: As a follow-up to talking with a partner about what they have learnt about the different Spanish gangs, students could continue the debate with a Spanish partner class.
♦ Unit 7, page 77, activity 4b: After discussing in class whether Spanish speakers should or should not sing in English, students can take the discussion further with a Spanish-speaking class.

Internet research

The Internet can be a valuable research tool, giving both teachers and students easy access to authentic reading materials and cultural information about Spanish-speaking countries. Opportunities for students to research on the Internet occur throughout **Ánimo 2 para OCR**. Themes include:

♦ Unit 3, page 32: students could find relevant up-to-date information on unemployment figures for Spain, a region, or their Latin American country of choice.
♦ Unit 3, page 33 or page 36: students could find out more about Pat Lenheiser or Carlos Slim and learn to narrow their search to a Spanish speaking website pinpointing only relevant facts on these two people and their work.

Also, see essay writing skills page 114 and Unit 7, page 79.

♦ Unit 5, page 55, activity 6: information about the NGO 'Jóvenes Verdes'
♦ Unit 6, page 68, activity 3b: new technology
♦ Unit 7, page 76, activity 1a: the 'reggaeton' style of dancing
♦ Unit 8, page 87, activity 3: information about ETA

Internet research should be guided by the following general principles.

Students should:

♦ check if the site is Spanish or from another country
♦ go to official sites first to pick up any technical terms that they can; then search for these terms instead of translating their own terms

♦ practise skimming text to see if it is relevant
♦ start by seeing what information is out there, rather than looking for specific answers
♦ keep a record of the pages they have looked at.

Word-processing and text manipulation

Word-processing software allows text to be presented in a variety of forms that can be easily edited and manipulated. Words, phrases, sentences and paragraphs can be moved, changed, copied and highlighted, making it easier for students to experiment with language and to draft and redraft their work. Any written task can be completed on the computer, e.g.

♦ Unit 4, page 39, activity 4: using the information given on the page students rework this into a report about the problem of the main threats to the environment in Spain.
♦ Unit 5, page 53, activity 7: students imagine that they own a farm and that an AVE train will shortly be passing close to it. They write a letter to the director of RENFE explaining their worries about this proposal.
♦ Unit 2, page 17, activity 4b: students write 100 words on the title 'Why are we fascinated by crime?'
♦ Unit 6. page 65, activity 5: students write 240–270 words about a day at work or a day at school in the year 2050.

Desktop publishing

Desktop publishing software enables students to design sophisticated documents involving complex layout of text, clip art, digital photos and scanned images, e.g. brochures and leaflets, advertisements, posters, magazine-style articles and newsletters.
Opportunities for students to use desktop publishing in **Ánimo 2 para OCR** include:

♦ Unit 4, page 39, activity 4: Students write an article to alert people to the threats to the environment in Spain.
♦ Unit 1, page 14, activity 3b: Students design a slogan to illustrate one of the four themes listed in this exercise.
♦ Unit 5, page 52, activity 3b: students present their ideas in the form of a public information notice warning of the problems of traffic and then offering solutions and promoting an ideal transport system.
♦ Unit 5, Page 51, activity 4 incorporates all of the above usages of ICT and could be used to draw these examples together.

Databases and spreadsheets

Data-processing software allows text- and number-based information gathered by students, possibly during a class survey, to be entered into a database then sorted and analysed in different ways; spreadsheet software is more suitable for dealing with number-based (rather than text-based) data. Both of these technologies generate a range of opportunities for further language work, comparison and discussion of the data, etc.
Opportunities to use these technologies in **Ánimo 2 para OCR** include:

♦ Unit 1, page 6, activity 1: After students have examined the graph and discussed all the questions in this activity, students could complete a database of the results.
♦ Unit 5, page 50, activity 2: after discussing what can be done to reduce the amount of rubbish created, students could record the information on a spreadsheet and use it to generate further language work.
♦ Unit 6, page 63, activities 4b and 5: these offer students an opportunity to create a database of information on the most and least useful technological advances and use this information to inform their answers to page 65, activities 3a, b and c.

Presentation software

Presentation software (e.g. PowerPoint) allows students to create multimedia 'slides' combining text, images, sound and video clips, active links to web pages, animations, etc. The slides can be displayed to the whole class via a data projector and wall screen or interactive whiteboard. Themes for oral presentations in **Ánimo 2 para OCR** include:

♦ Unit 4, page 40, activity 2: alternative energy sources
♦ Unit 5, page 52, activity 3b: the ideal transport system
♦ Unit 7, page 71, activity 2: the arts
♦ Unit 9, page 99, activity 4d: La Tuna
♦ Units 7, 8 and 9 offer several opportunities for all types of ICT mentioned so far and then these could be presented on, for example, Powerpoint to the rest of the class.

Useful websites

Listed below are some useful Spanish-language websites which students could use when undertaking a search for specific material. Remind students that when looking for authentic material it is best to limit searches to texts in Spanish or from a particular Spanish-speaking country.

Environmental Issues
www.mma.es (Ministerio de Medio Ambiente)
Ministry for Environment
www.gyj.es – Geo magazine, like the *National Geographic*

National newspaper – El País
www.elpais.es

General interest magazines
www.muyinteresante.es
www.quo.wanadoo.es
www.cambio16.info

Statistics office
www.ine.es

General information
www.red2000.com/spain
www.SiSpain.org
www.spainview.com

Television weekly
www.semana.es

Lesson Plan

Date :	Teacher :	Class :
Objectives		**Resources**
Objectives for Students		**Notes/Reminders**

Starter:

Teaching sequence:

Differentiation/Extension:

Plenary:

Homework:

Unidad 1 Tierras cosmopolitas

Unit objectives

By the end of this unit, students will be able to deal with the following topics :
♦ immigration and its origins, changing forms and consequences
♦ its advantages and disadvantages
♦ integration of new citizens
♦ responsibilities of receiving countries
♦ social exclusion

Grammar

By the end of this unit students, will be better able to:
♦ use the subjunctive in different tenses

Skills

By the end of this unit students, will be better able to:
♦ express their opinion
♦ contest arguments

Resources

♦ Students' Book page 5

1a As an introduction to the vocabulary of the unit, students match the words in the list with their definitions (1–8) and translate them. NB Four words are not defined.

Answers:

1 *segregación*	2 *xenofobia*	3 *prejuicio*
4 *asilo*	5 *convivencia*	6 *integración*
7 *pacifismo*	8 *solidaridad*	

1b Students write a definition for the four words that are left.

1c Students read their definitions to a companion so that they can guess the term defined.

2 Students use the nouns listed in Exercise 1a and make a list of related verbs and of possible adjectives (cognates), e.g. integración → integrar → integrado

Un país multicultural

Grammar focus

♦ Numbers in oral work
♦ Using the subjunctive

Skills focus

♦ Discussing issues of immigration: its origins, changing forms and consequences
♦ Writing about advantages and disadvantages of immigration

Key language

♦ *emigrantes; discriminación positiva; compartir; sin papeles*
♦ *me sorprende que; no dudo que; es increíble que* and other opening phrases

Resources

♦ Students' Book pages 5–7
♦ CD 1, track 2
♦ Copymaster 1

1 Group discussion. Students examine the pie chart and discuss the questions on immigration with each other. They use the introductory phrases given as aids to expressing their views.

2a Students look at the photos and consider why these people from four different countries may have come to Spain.

2b Students read the four passages describing why each person came to Spain and then: they identify the speaker in each case; take brief notes on their reasons for emigrating to Spain; and compare these notes with their answers to Exercise 2a.

2c Students identify synonyms for the words listed in the accounts presented in Exercise 2b.

Answers:

incertidumbre	*adinerados*	*estabilidad*
evidente	*escasez*	*deplorable*
osadía	*formación*	*sueldos*
imprevistos		

3a Students listen to the 10 different opinions on immigration. They classify them as positive (*P*) or negative (*N*).

P 7, actividades 3 y 3b

1 A mi me gusta que haya gente de otros países en mi curso porque da otra dimensión cultural. También me encanta que haya comida y música y todo lo que la gente extranjera aporta a nuestro país.

2 Pues a mí me molesta que cojan en paro los empleos cuando hay tanta gente, sobre todo jóvenes como nosotros.

3 ¡No hables así! Si hubieras estudiado con más disciplina no estarías repitiendo curso y tendrías más oportunidad de conseguir un buen empleo. Además todos tenemos derecho a trabajar.

4 No estoy de acuerdo contigo pero tampoco soy intolerante. Hay que ser realista y es que no hay suficientes casas ni colegios ni empleos para los que vivimos aquí y a veces parece que el gobierno les protege más a ellos que a nosotros.

5 Eso es típico – dices que no eres intolerante y en seguida dices cosas así – como tantos otros. Yo creo que es hora que seamos un poco más proactivos y responsables – es la única forma de combatir el racismo.

6 Lo que dices es verdad – todos somos responsables y esto que llaman racismo institucional no es más que una excusa para no hacer nada y no responsabilizarse.

7 Me sorprende que digas eso – pero lo que sí me parece problemático son los que llegan al país ilegalmente y se quedan sin papeles – a veces roban para sobrevivir y esto no ayuda a su situación.

8 Tampoco quieren ni pueden integrase y como no hablan la lengua les resulta aún más difícil. Y es que hay tantos – parece que todos llegan aquí y no hay leyes que lo impidan.

9 Basta ya – no puedo escuchar tanta intolerancia. Hay que aprender a coexistir y compartir un poco más, no sólo con los extranjeros sino también con los compatriotas.

10 Bueno, bueno, basta ya, gente. A ver, ¿qué soluciones proponéis vosotros?

Answers:

1 *P*   2 *N*   3 *P*   4 *N*   5 *P*
6 *P*   7 *N*   8 *N*   9 *P*   10 *P*

3b Students listen again and identify in which statement the following words or phrases occur.

Answers:

a 2, 4   b 3   c 7   d 4   e 1   f 8,.9

4a Students read the article on employment in Guissona and decide whether the statements are true (*V*), false (*F*) or are not mentioned (*NM*).

Answers:

1 *V*   2 *V*   3 *NM*   4 *V*

4b Students answer the questions in English.

Answers:

1 Local people do not want to work in the abbatoirs.
2 The percentage of immigrants in the workforce has risen from 3 to 37%.
3 Long-term contracts and access to housing
4 It runs language classes and helps those who stay longer to get mortgages.
5 They tend to socialise in national groups.
6 They have themed days when they learn about each other's cultures.

5a Class discussion on what attracts immigrants to their country. Students use the themes listed.

5b Ask the students where they would prefer to go, if they decided to emigrate. Ask them to state their reasons.

6 Composition. Students state in 200 words what they think are the positive and negative aspects of immigration. They should consider the material mentioned in Exercises 1–5.

"A donde fueres, haz lo que vieres"

Skills focus

♦ Talking and writing about integration

Key language

una pandilla multicultural;   la misma cantera
los chavales;   el deporte;   las palabrotas
el desacato;   una mezquita;   el empleo;   el paro

Resources

♦ Students' Book pages 8–9
♦ CD 1, tracks 3 and 4
♦ Copymaster 2

1a Students listen to the recording of young people discussing the multicultural society in which they live and answer the questions.

P 8, actividad 1a

1 Jugamos en una pequeña liga del barrio y juntos entrenamos. A veces ganamos y otras perdemos, pero sobre todo somos amigos y somos una pandilla multicultural: marroquíes, ecuatorianos, polacos... ¡e incluso algunos españoles!

2 Claro está que los latinos que ya hablan el idioma tienen menos problemas a la hora de integrarse en los grupos.

3 Bueno, con el deporte hemos encontrado una manera de fomentar la cooperación y canalizar la agresividad de muchos de los chavales que antes rondaban por el barrio sin rumbo fijo.

4 A veces nos decimos palabrotas y cosas feas que los adultos creen que son racistas – a Omar le digo "moro" y cosas aún peores y él a mi me contesta "¿qué pasa, cristiano? Y nos echamos a reír porque para nosotros no tiene importancia.

5 Al principio pensé que habría sido mejor que me hubiera quedado en mi país, en Polonia, pero ahora que conozco al grupo me siento muy acogido, como uno de ellos – pero tal vez me han aceptado más rápido porque soy blanco – no sé.

6 No lo creo, no lo creo, porque en este barrio siempre han venido chavales marroquíes y latinoamericanos y no tenemos ningún problema con los inmigrantes – nunca se ha relegado a un compañero por su origen o por su color. Hasta he aprendido algo de árabe.

1b Ask students how they would define integration. What are its key aspects? They answer in Spanish.

2 Students read the basic principles of integration as expressed in the European Strategic Plan on Citizenship and Integration and complete the paragraph with the appropriate words from the list.

Answers:

1 *responsabilidad* 2 *entidades* 3 *medidas*
4 *mercado* 5 *organismos* 6 *condición*
7 *respeto* 8 *valores*

3a Ask students to identify what the first point of the European Plan means.

3b Students read the Plan again and write down the rights and responsibilities of (a) immigrants (b) national citizens. Ask them to consider whether there is much difference between their lists. Do they think there should be?

3c Students discuss whether it is possible for immigrants to enjoy equal opportunities.

4 Students read Abdulah's statement and make a résumé in English. They should mention the items listed.

5a Students listen to the accounts of two more immigrants and take notes under the headings given.

P 9, actividades 5a y 5b

Llegué a España mucho antes de que Rumania entrara en la comunidad Europea así que las cosas no fueron demasiado fáciles porque era un inmigrante ilegal pero yo veía España como una ventana a un mundo mejor. La razón por la que terminé en Bilbao no es otra que mi hermano estaba aquí antes que yo. Cuando llegué no tenía estudios y tuve que trabajar como peón de obra porque sin papeles no podía escoger. Tuve suerte de que el jefe de mi hermano me ayudara a **legalizar mi estancia** y luego mi hermano me apoyó para que hiciera un curso para titularme como fontanero. Ahora **me gano muy bien la vida**: **trabajo como autónomo** y me he comprado un piso en el que vivo con mi novia que vino de Rumania en cuanto el país entró en la Comunidad Europea. Con los ocho años que llevo aquí mi español ha mejorado mucho y me siento tan vasco como los demás. Me siento integrado en la sociedad en la que vivo y aunque echo de menos algunas cosas de mi país, el día que decidí partir, supe que muchas cosas iban a cambiar.

Todo empezó con unas vacaciones memorables en Andalucía cuando mi marido y yo empezamos a hacer balance de nuestras vidas y de nuestras prioridades ahora que nuestros hijos **habían dejado el nido familiar**. La idea de jubilarnos antes de los 65 nos rondaba la cabeza pero los factores económicos y el coste de la vida en el condado de Hampshire donde vivíamos lo hacía un poco difícil. A razón de nuestras repetidas vacaciones a España empezamos a tomar clases de español y así conocimos a nuestra profesora, que con su energía y pasión fue culpable de que **nos enamorásemos** todavía más de su país y así, esta joven sería **una influencia definitiva** en nuestra decisión de mudarnos a Mijas, un pueblecito precioso en la montaña no muy lejos de Málaga, dónde ya hace tres años que vivimos. En el pueblo nos sentimos muy integrados y disfrutamos de la convivencia y del sentimiento de comunidad que se ha perdido en Inglaterra, y a la vez tenemos sol y un ritmo de vida más relajado.

> Por el momento; estamos seguros de que tomamos la mejor decisión para nosotros y con los vuelos y el transporte cada vez más baratos y eficientes; hijos y nietos pueden visitar a menudo y … ¿Quién sabe? ¡quizás algún día también decidan venirse!

5b Students listen again and find the words and Spanish expressions for the phrases listed in English.

Answers:

in **bold** in the transcript.

6 Composition. Students choose to write either a creative essay or a discursive piece of 250 words in Spanish. Ensure they understand the subjects and the types of writing required by the different tasks.

El rechazo a lo desconocido

Skills focus

♦ Talking and writing about social exclusion
♦ Listening for different styles of speech
♦ Listening in context
♦ Synonyms and antonyms

Resources

♦ Students' Book pages 10–11
♦ CD 1, track 5
♦ Copymaster 3

1a Students are introduced to key vocabulary by matching the nouns to their definitions.

Answers:

1 c	**2** b	**3** d
4 a	**5** e	

1b Students read through the opinions and classify them by type of prejudice as listed in Exercise 1a.

Answers:

a *la misoginia*	**b** *la discapacidad*
c *el racismo*	**d** *la xenophobia*
e *la homofobia*	**f** *el racismo*
g *la discapacidad*	**h** *la xenophobia*
i *la misoginia*	**j** *la homophobia*

2a Students listen to these truths and match each one to the myth from those listed in Exercise 1b which it refutes.

P 10, actividad 2a

1 Los expertos en economía dicen que para mantener el ritmo actual de crecimiento económico, España necesita la entrada de entre 200.000 y 400.000 inmigrantes al año.

2 Las características de un buen directivo no responde a uno u otro género sino a un perfil humano. Un buen directivo debe ser capaz de construir relaciones con los demás, pensar de forma sistemática, comunicar bien sus propuestas, tener una actitud crítica y creativa al tomar decisiones, trabajar en equipo y realizar planes.

3 Un estudio reciente sobre la población gitana y el empleo pone de manifiesto que un 70% de gitanos en edad laboral tienen un empleo. De estos, un 50% trabajan como asalariados y el otro 50% son autónomos.

4 La idea de que la sexualidad ha de ser reproductiva es la negación del placer, es seguir viendo la sexualidad como algo pecaminoso, es identificar la sexualidad de la mujer con la reproducción y rechazar su disfrute por parte de las mismas.

5 La lectura labial no es una habilidad innata, ni resulta fácil de dominar. La lengua oral está concebida para transmitirse por el oído, no por la vista y hay muchas variables que impiden la lectura labial, por ejemplo, la falta de luz, la capacidad para vocalizar o la habilidad del hablante.

6 A menudo, los estereotipos de género no son sólo los rasgos, imágenes mentales y atributos que se asignan de manera diferenciada a varones y mujeres. También hay que tener en cuenta el valor que se otorga a estos aspectos de manera más negativa si se trata de una mujer que de un varón. Así, si un hombre no está en la oficina, se piensa que está visitando a un cliente pero si se trata de una mujer, se echa mano de este equivocado mito.

7 En realidad los inmigrantes suelen realizar los trabajos que los españoles no quieren. Además la inmigración ha supuesto más del 50% del crecimiento en España.

8 El origen del error está en que tradicionalmente se creía que eran incapaces de comunicarse, pero las personas sordas pueden acceder a la lengua oral y al habla, cada cual en función de sus habilidades, por lo que no todas son mudas.

9 Esta afirmación está llena de prejuicios y consideraciones morales que la ciencia moderna ha desmontado, la homosexualidad como la heterosexualidad forman parte de la naturaleza humana y de la sexualidad humana.

10 Es cierto que las jerarquías familiares en la comunidad gitana son patriarcales, pero también se escucha cada vez más que "las mujeres gitanas son el motor de su pueblo". Un dato relevante de este cambio es que las mujeres jóvenes gitanas representan más del 50% de los gitanos universitarios.

Answers:

1 *h*	2 *a*	3 *f*	4 *e*	5 *g*
6 *i*	7 *d*	8 *b*	9 *j*	10 *c*

2b Work in pairs. Students write down other examples of intolerance. In each pair, the other must refute the prejudice with the truth and with examples.

3 Students read the text about the gipsy and answer the questions which follow.

4a Students read the different accounts of a racial incident and decide who made each statement.

Answers:

1 *el alcalde*   **2** *un representante del sindicato*
3 *un vecino*   **4** *un temporero marroquí*
5 *un Guardia Civil*

4b Students identify who expresses the opinions listed.

Answers:

1 *un temporero marroquí*   **2** *el alcalde*
3 *un temporero marroquí*   **4** *un Guardia Civi*
5 *un vecino*   **6** *el alcalde*
7 *un represantante SOC*

4c Students look in the texts for synonyms for the listed words.

Answers:

los mismo que	**lo contrario de**
1 *lamentable*	**1** *me alegra*
2 *entender*	**2** *las víctimas*
3 *grave*	**3** *los inmigrantes*
4 *lanzaron*	**4** *hay personas*

4d Students explain the words underlined in the five witness statements.

4e Students write a statement from one of the young people involved in the action, including what drove him to behave as he did; what he felt during the attack; what he felt afterwards.

¡Atención, exámen!

Grammar focus

♦ Subjunctive for value judgements
♦ Tenses of the subjunctive

Skills focus

♦ Expressing opinions; arguing and countering

Key language

es una lástima que;   me da asco que;   es una suerte que and other phrases for expressing opinions with the subjunctive

bajo mi punto da vista;   a mi parecer;   a mi juicio and other phrases that express opinion without use of subjunctive

Resources

♦ Students' Book pages 12–13
♦ Copymaster 5

Gramática

The subjunctive for value judgements

Direct students to the relevant material in the Students' Book and the Grammar Workbook.

Remind students about the mood of verbs in expressing value judgements. The indicative expresses the feeeling: *Siento que …* and the subjunctive is used to express what it is we feel: *todavía exista el racismo en nuestros tiempos.*

A Students match the value judgements to their English equivalents.

Answers:

1 *f*	2 *k*	3 *m*	4 *a*	5 *h*	6 *e*	7 *g*
8 *l*	9 *b*	10 *c*	11 *i*	12 *j*	13 *d*	14 *n*

B Students translate the sentences into English.

Answers:

1 It is scandalous that there is so much violence in schools.
2 It is shameful that homosexuals still suffer prejudice from people.

C Students translate the sentences into Spanish.

Answers:

1 *Estoy harto de que la gente discrimine a mi amigo a causa de su discapacidad.*

2 *Es decepcionante que el racismo todavía exista en Europa.*

3 *Me parece muy mal que algunas veces todavia tratemos a los inmigrantes de una forma diferente.*

D   Students use some of the expressions in exercise A to express their opinions about discrimination, racism, immigration, integration, homophobia, and xenophobia.

Gramática

Tenses of the subjunctive

Remind students that the subjunctive mood has four tenses. Which tense is used depends on the indicative part of the sentence. Students study the example given.

A   Students work out the different subjunctive tenses for the verbs listed, by studying the example. Remind them to pay attention to spelling changes and irregular verbs.

Answers:

Infinitive	Pres. subj.	Imperf. subj.	Perfect subj.	Pluperf. subj.
hacer	haga	hiciese/ hiciera	haya hecho	hubiera/hubiese hecho
ir	vaya	fuese/ fuera	haya ido	hubiera/hubiese ido
poner	ponga	pusiese/ pusiera	haya puesto	hubiera/hubiese puesto
saber	sepa	supiese/ supiera	haya sabido	hubiera/hubiese sabido
salir	salga	saliese/ saliera	haya salido	hubiera/hubiese salido
ser	sea	fuese/ fuera	haya sido	hubiera/hubiese sido
estar	esté	estuviese/ estuviera	haya estado	hubiera/hubiese estado

B   Students find the examples of each subjunctive tense (underlined in the text). In each case they should identify the tense combination and use.

Answers:

Present indicative	Present subjunctive	
Me preocupa	<u>se hable</u>	(value judgement)

Imperfect subjunctive	Conditional	(condition)
Si <u>tuviera</u>	preocuparía	

Imperfect subjunctive		(doubt)
<u>hubiéramos sabido</u>		

Pluperfect subjunctive		(condition)
<u>hubiésemos vivido</u>		

Present indicative	Perfect subjunctive	(possibility)
Estoy seguro que	<u>quién haya pasado hambre</u>	

Present indicative	Present subjunctive	(hope)
espero que	<u>cambie y aprendamos</u>	

Técnica

Expression of opinions, countering and arguing

Remind students that in both written texts and spoken tasks, such as an oral examination, they should express their opinions on topics raised, whether they agree or disagree with the point made.

Remind students that such expressions are value judgements and require the subjunctive in Spanish.

1   Students make a list of value judgement expressions in Spanish: phrases that use a main verb in the indicative followed by *que* + subjunctive. Encourage them to think of more.

Expand students command of language by looking at alternative introductory phrases that indicate a following value judgement.

2   Students look back at Exercise D page 34 and re-word their opinions about discrimination, racism, immigration, integration, homophobia and xenophobia, using the alternative expressions instead of clauses with the subjunctive.

Explain to students how they can better engage in the discussion by relating what they say to what has already been said by others. Introduce them to the sorts of expression in English that enable such conversation.

3   Students read the Spanish expressions and classify them according to the types of expression listed in Exercise 2.

Answers:

Eso digo yo, ...	3
Sí, pero no te olvides de ...	5
Me has entendido mal ...	5
Nunca me lo había podido imaginar.	2

Yo no soy de la misma opinión.	6
De eso nada.	6
Si no lo veo no lo creo.	2
Creo que ha habido un mal entendido	4
Incluso así ...	5
Puede que sea como tú dices, pero...	5
Sí, pero ...	5
¡Ni hablar!	2
No lo sé muy bien.	4
No estoy tan seguro.	4
No es eso lo que quería decir.	5
Por muy/mucho que ...	5
A lo mejor es verdad pero ...	5
En absoluto.	6
Coincido contigo ...	1
Necesito pensarlo.	4
(Pues) a mí no me lo parece.	6
Tengo muchas dudas.	4
¡No me digas!	2
¡Exacto, eso es!	1
Desde luego que no.	6

4 Students work with a partner. They decide who will defend each of the arguments under the headings Immigration and Racism. They practise expressing their own viewpoint and countering the arguments of their partner.

A escoger

Grammar focus

All the grammar in the unit

Skills focus

Using and recognising the language of slogans

Key language

el miedo;   la angustia;   rechazo a lo diferente; homófobos

Resources

♦ Students' Book page 14
♦ CD 1, track 6
♦ Copymaster 4

1a Students listen to the publicity clips from the website intolerantesanonimos and answer the question.

1b Students concentrate on the first clip and answer the questions in Spanish.

Answers:

1 *el racismo*
2 *el inmigrante*
3 *sentir rechazo a lo diferente*
4 *al racista*

1c Students concentrate on the second clip and answer the questions in English.

Answers:

1 rejection, fear, anxiety
2 the homophobic person
3 no
4 help them understand

1d Students answer the questions and give their opinions.

P 14, actividad 1

Algunas veces cuando voy por la calle oigo ¡vete a tu país! Puedo imaginarme la angustia y el miedo que sienten cuando me ven. El sentimiento de rechazo a lo que es distinto es algo que tiene remedio. No discriminemos al racista. ¡Ayudémosle a entender!

Rechazo, temor, ansiedad. Los sentimientos que sufren los homofóbos son horribles. Pero nosotros pensamos que ellos también tienen derecho a ser felices, a vivir tranquilos y seguros en convivencia con otras personas. Cuando te topes con alguno, no lo discrimines. ¡Ayúdale! ¡Ayudémosle a comprender!

---

2 Students read the article on living in harmony and fill the gaps with words from the list.

Answers:

1 *conseguir*	2 *resaltar/promover*	3 *educar*
4 *resaltar*	5 *prever*	6 *superar*

3a Introduce students to the langauge of slogans: brief and memorable. Students read the slogan from the Injuve website and are asked to identify its message.

3b Students look at the four topics listed. First they list words and key phrases relevant to the topics. Then they use their list to devise a slogan for each.

3c Work in pairs. Students share their slogans with a partner to see if the partner can recognise the concept behind the slogan.

4a Students read the statement on student attitudes to immigrants. They discuss with a partner whether such opinions exist in their own locality.

4b Students write a letter for the "Letters from Readers" section of a newspaper, in which they express their opinion on the material presented in Exercise 4a. They should include any relevant examples of which they have knowledge.

Unidad 2 El crimen y el castigo

Unit objectives

By the end of this unit, students will be able to deal with the following topics:
- new kinds of crime and new ways of combating it
- fact and fiction in crime
- gang culture
- punishment and its alternatives

Grammar

By the end of this unit, students will be better able to:
- use the passive voice
- use all pronouns

Skills

By the end of this unit, students will be better able to:
- prepare an oral presentation

Resources

- Students' Book page 15
- Copymaster 6

These first four activities present the vocabulary and aspects of the topic which will be covered in the unit.

1a Students match up the English and Spanish vocabulary. They should attempt this first without a dictionary and then check their answers.

Answers:

la policía – the police; *el crimen* – crime; *recluso* – prisoner; *jurado* – jury; *libertad bajo fianza* – bail; *instrumento contundente* – blunt instrument; *el policía* – the policeman; *el juez* – judge; *culpable* – guilty; *la cárcel* – prison; *libertad condicional* – parole

1b Students read the definitions and decide which words listed in 1a correspond to them.

Answers:

1 *la cárcel*
2 *instrumento contundente*
3 *recluso*

1c Following the example set in 1b students write their own definitions for three more terms from the list.

1d They then read out their definitions for a partner to guess.

Nuevos tiempos, nuevos delitos

Grammar focus

- Passive voice and avoiding the passive with reflexive pronouns 'se'
- Past tenses

Skills focus

- Listening for gist and detail
- Discussing
- Reading for gist
- Translating into Spanish
- Writing a reasoned response

Key language

el crimen; el delito; proteger; amenazar; un abogado; forense; un trasgresor; distinguir; un relato

Resources

- Students' Book pages 16–17
- CD 1, tracks 7 and 8
- Copymaster 7

1a Students listen to the two reports and decide which of the two (A or B) is about the items listed 1–6 .

P 16, actividades 1a y 1b

A

Por primera vez la Comisión de Videovigilancia ha concedido permiso para que las autoridades instalen cámaras de vigilancia en un espacio público. Podrán grabar imágenes en el Museo de Escultura al Aire Libre durante un periodo de doce meses. Los jóvenes que patinan en la plaza se cuelgan de las estatuas para realizar trucos y giras de monopatín y, como consecuencia de estos actos vandálicos, las obras sufren continuos daños. La comisión impone varias condiciones: las cámaras serán fijas, y se

---

enfocarán directamente a las esculturas. Las imágenes grabadas tendrán que ser destruidas al cabo de una semana, excepto aquellas en las que aparezcan personas en actitudes íntimas, ya que tales imágenes son ilegales y deben ser destruidas inmediatamente. Se deberán colocar placas avisando al los peatones de que están entrando en una zona vigilada.

B

Julio César Ardita se convirtió en el pirata informático más famoso de Argentina al ser detectado y rastreado por el FBI por haber ingresado al sistema de la Marina estadounidense. Julio César logró entrar a la red de la Universidad de Harvard, utilizando un programa pirata para llamar a todos los números de una central telefónica hasta averiguar el número que buscaba. Esto le sirvió de trampolín para acceder, entre otras, a la red del Laboratorio de Propulsión Nuclear de la NASA. Sin embargo, ya que en Argentina las intrusiones informáticas no están contempladas en el Código Penal, la juez Wilma López sólo pudo condenarlo por fraude telefónico.

Answers:

1 B   2 A   3 B   4 A   5 A   6 B

 1b Students listen a second time and explain what each of the sentences 1–6 really means.

Answers:

1 Las imágenes grabadas por las cámaras serán destruidas después de una semana
2 Si graban a miembros del público en situaciones íntimas, tienen que destruir las imágenes.
3 Hay placas que explican la presencia de las cámaras.
4 Julio Cesar entró ilegalmente a la red informática de la Marina.
5 Julio Cesar entró ilegalmente a la red informática de Harvard.
6 Entrar a una red le sirvió de "trampolín" para entrar a otra.

2 In pairs students discuss the theme "Does technology protect or threaten us?"

They use the prompts provided to guide the discussion.

3a Students read the texts a–e and match them to the images 1–5 . They may not be sure they have the correct answers at this stage. The listening activity will give them more information.

Answers:

 a 4   b 1   c 2   d 3   e 5

3b Students listen and check their answers.

P 17, actividades 3b y 3c

1 Las novelas de la serie Lic. Gutiérrez siguen una fórmula establecida: La policía se equivoca y pone en peligro a más que una víctima. Por medio de los ojos de Gutiérrez somos testigos de las consecuencias escalofriantes, y él solo identifica al malhechor.
2 "Antecedentes Penales" es una página web para los obsesionados por el crimen. No distingue entre casos actuales, atrocidades históricas, o el vampirismo y otros mitos.
3 En "Kika", Almodóvar crea una parodia "Lo peor del día", un programa que presenta los crímenes como horribles, pero fascinantes.
4 En "Hable con ella", Almodóvar nos hace conocer a Benigno, un joven enfermero que cuida tiernamente a una paciente en estado de coma. Vemos cómo su dedicación se convierte en una relación tierna y humana, pero le lleva a cometer un crimen. Entendemos que no hay "criminales", sino personas que cometen crímenes.
5 Los periódicos pretenden condenar el sexo y la violencia, pero diariamente en la primera página ponen crímenes reales como si fueran historias para divertir. Nos hacen pensar que vivimos en una sociedad donde los ciudadanos inocentes no estamos seguros ni en nuestra propia casa.

Answers:

a *Las novelas del Licenciado Gutiérrez*
b *El sitio web : "Antecedentes penales"*
c *La película Kika*
d *La película Hable con ella*
e *El periódico la Voz Pública*

 3c Students listen a second time and identify which of the images represents definitions a–e

Answers:

a 2   b 5   c 3   d 1   e 4

4a Students translate the text.

Sample translation:

Los periódicos y la televisión pretenden hacer campañas contra el crimen, sin embargo rellenan las páginas titulares con historias de violencia y tragedias. El primer peligro es que esto incrementa el temor al crimen. El segundo es que perdemos sentido de la diferencia entre el crimen como hecho y el crimen como ficción que fascina.

4b Students write about 100 words on the theme: Why does crime fascinate us?

Las pandillas

Grammar focus

- Mixed tenses
- The subjunctive
- Passive voice

Skills focus

- Responding to questions in English
- Reading for detail
- Listening for gist and detail
- Grammatical analysis
- Preparing an oral presentation
- Writing a letter in Spanish

Key language

las pandillas; el punto de mira; vinculado; el asesinato; reprimir; surgir; las subvenciones; una red; el apoyo; aliarse; el lastre

Resources

- Students' Book pages 18–19
- CD 1, tracks 9 and 10
- Copymaster 8

1 Students read the text and answer the questions in English trying to include as much detail as is relevant.

Answers should include:

a the police / the general public / the press
b the death of Colombian student Ronny Tapias
c creating a special force to control and restrict the activity of the gangs
d rival gangs committing between 2% and 5% of crimes at weekends
e only their names

2 Students explain in Spanish the underlined phrases in the text. They must use their own words.

Answers:

have in their sights   has been seen
take up space   are carried out by

3 They find three sentences which use the passive voice and then rewrite them in the active voice.

Answers:

Fue confundido con / le confundieron con
Fue asesinado por / tres dominicanos le asesinaron
Fue creado un grupo / crearon un grupo

4a Students listen and decide in which order the points a to e are mentioned.

> P 18, actividades 4a y 4b
>
> El fenómeno de las pandillas no es tan grave como hace creer la prensa. Estos jóvenes no viven la violencia que ocurre en América Central y no disponen de acceso fácil a armas de fuego como sucede en los Estados Unidos. Las pandillas españolas aumentan lentamente, pero, como partimos de un número peqeño de pandillas, el crecimiento porcentual acaba dando la impresión que la amenaza es mucho mayor. Muchas veces, estos chicos que viven en Madrid apenas se reúnen en grupos de compatriotas, mientras sus padres están en el trabajo. Es verdad que han sucedido actos violentos provocados por estas pandillas, pero las investigaciones no han llegado a demostrar, por ejemplo, que el dominicano que mató a Ronny Tapias miembro de una de estas pandillas

Answers:

d   **b**   **a**   **e**   **c**

4b Students listen a second time and complete the grid according to the instructions.

Answers:

3rd person plural, present tense: *viven; disponen; aumentan; viven; se reúnen; están*

3rd person plural, perfect: *han sucedido; han llegado*

imperfect subjunctive: *fuera*

present participle: *dando*

past participle*: provocados*

5a Students read the text and translate the underlined words.

Answers:

subsidies; a mutually supportive social group; got together peacefully

5b Students decide which of the statements are true (*V*) or false (*F*) or possibly not mentioned (*NM*).

Answers:

1 *V*   2 *V*   3 *V*   4 *NM*   5 *F*

6 Students listen and decide which statement applies to which speaker.

P 19, actividad 6

Andreu
Me parece muy bien que vengan sudamericanos a ganarse la vida honradamente, pero otra cosa es tener que padecer sus pandillitas y grupitos que vienen a molestarnos. ¿Es que acaso los skinhead españoles van a los países latinoamericanos a matar a la gente en la calle?

Juan José
Si en el mundo globalizado, vemos la formación de barrios aislados, marginados, también vemos la globalización de las pandillas. Pueden difundir su actividad y su cultura. Los Latin Kings emigran en busca de nuevos miembros, nuevos territorios y nuevas oportunidades para el delito.

Paz
Con sus tatuajes y su ropa estilo hip hop, los Latin Kings no son realmente una pandilla latina. Son europeos, hijos de inmigrantes que nunca vivieron en América. Imitan el estilo de vestir y de actuar que se presenta en las películas y la televisión.

Chona
Hay que tomarse las pandillas en serio, muy en serio. Las reglas de los Latin Kings, el Kingdismo fueron redactadas en la cárcel Collins por el Cubano Luís Felipe, el King Blood o el Inca del "chapter" de Nueva York. Se establece la estructura piramidal, sus símbolos, y sus ritos de iniciación. Esos incluyen la paliza o golpiza que recibe de manos de "los reyes". Además se imponen palizas y hasta los asesinan a los miembros que desertan.

Answers:

1 *Paz*   2 *Chona*   3 *Juan José y Chona*
4 *Paz*   5 *Andreu*   6 *Chona*

7 In pairs students work out a mind map about gangs in Spain and explain all they have learnt about them. They use the headings to help them. Ensure the students understand the concept of a mind map.

8 Students write a letter to the press to denounce the fact that some gangs could receive official support. They should use the set phrases given which require them to use the subjunctive mood.

La cárcel

Grammar focus

- Past tense
- The subjunctive

Skills focus

- Reading for gist and detail
- Organising arguments into a logical order
- Listening for detail
- Analysing language structures
- Discussing and expressing opinions
- Writing a reasoned response

Key language

la cárcel; el desprecio; los reclusos; pertenecer; los infractores; las pautas; el castigo; una batalla; encarcelar; malhechores; encerrar; aliviar

Resources

- Students' Book pages 20–21
- CD 1, track 11

Students study and comment on the cartoon which sets the scene for this spread.

1a Students match the paragraphs a–g on the facing page to the arguments listed 1–7 .

Answers:

1 c   2 b   3 f   4 a
5 d   6 e   7 g

1b In pairs they read the paragraphs b and d and explain in their own words either the problem or the solution offered.

2 Students categorise the sentences following the example.

Answers:

2 *usos de adjetivos para ampliar*
3 *frases cortas y claras*
4 *opiniones*
5 *evitar la repetición*
6 *uso de adjetivos para ampliar*
7 *consecuencia*

3   Students read the article on prison life and answer the questions in English.

Answers should include:

1 prison but has doormat which reads "Home sweet Home"
2 because the inmates learn to and earn respect
3 because activity helps to pass the time
4 he has started a course on Law.

4   Students listen and answer the questions in Spanish.

> P 21, actividad 4
>
> Ya desde mi primera sentencia quería reformarme, pero al salir de la cárcel no sabía cómo. Se me hacía más fácil ganarme la vida vendiendo la droga. Comparado con lo que yo podía ganar trabajando, pues … no se podía comparar. Era casado, tenía una hija de dieciocho meses a la que apenas conocía, y por ellas quería dejar de meterme en líos, pero también decía que me dedicaba al negocio, al narcotráfico, por ellas. Y cuando acabé volviendo aquí, pensé que había tocado fondo, pero la verdad es que ahora en el módulo del respeto, empiezo a salir adelante. No sólo aprendes a trabajar, sino a comportarte, y a respetarte.

Answers should include:

1 *Era más fácil.*
2 *porque había estado en la cárcel*
3 *Ha empezado a respetarse y a salir adelante.*

5   In pairs students explain the differences between what they see in the photo and what is written in the article.

6   Students write two paragraphs; one in favour and one against the theme "The role of prison as a punishment is indispensable in order to maintain a safe a stable society".

¡Atención, examén!

Grammar focus

♦ The passive

Resources

♦ Students' Book pages 22–23
♦ Copymasters 9, 10

The passive voice
Direct students to the material on the passive voice in the Students' Book and the Grammar Workbook.

Students read the information and examples given about the passive voice and how to avoid using it.

A   Students complete the text using the passive voice of the verbs supplied in brackets.

Answers:

es formado   es utilizado   ser cambiado

B   Students analyse the sentences according to the instructions.

Answers:

Passive voice : 1   2   3   4

Agreement of past participle : 2   3   6 have changed (1 and 5 are masculine singular so stay the same)

Not passive: 4 Perfect tense, which never agrees

C   They translate the sentences into Spanish.

Answers:

1 *Fue detectado por el FBI / BFI.*
2 *Las grabaciones serán destruídas.*
3 *El ataque fue perpetrado por un vendedor ambulante.*

D   Students rewrite the sentences.

Answers:

1 Los criminales fueron descritos / se decribieron a los criminales.
2 Los que abandonan las pandillas son asaltados / se asaltan a los que abandonan las pandillas.
3 Los jóvenes son vigilados / se vigilan.
4 Un sospechoso ha sido detenido / se ha detenido a un sospechoso.
5 Una foto iba a ser repartida / una foto iba a repartirse.

Students note the examples of the different usage of 'ser' and 'estar'.

Reflexive pronouns, direct object pronouns and indirect object pronouns

Students revise the material on pronouns.

E   Students identify which pronouns are used and translate the sentences into English.

Answers:

1 lo = it – direct object pronoun
   They found it after years of looking (for it).
2 se = indirect object pronoun / lo direct object pronoun
   They robbed her of it in the Underground.

3 se = reflexive pronoun
He committed suicide in prison.

4 la = direct object pronoun
They saw her as she came running out of the house.

5 lo = direct object pronoun
They decided to accuse him of Internet fraud.

Técnica

Preparing an oral presentation

Take students through the steps required to prepare an interesting presentation. Ensure they understand the examination criteria.

1 Students follow the examples A–C given under 3, on how to develop their thought. They practise making statements using information from the unit about the topics listed.

2 Students research and prepare an oral presentation on one of the topics listed. They will find the material they need in the spreads of this unit.

A escoger

Grammar focus

♦ The passive and avoidance of the passive

Skills focus

♦ Responding orally to a text
♦ Listening for gist and detail
♦ Responding in writing to a recorded item
♦ Researching on the Internet and taking notes

Key language

extenderse; el acusado; el abuso; el sospechoso; quejarse; el retraso; tramitar; comparacerse; las cortes; el atraco

Resources

♦ Students' Book page 24
♦ CD 1, track 12

1 Students read the text. Student A prepares the answers to one set of questions. Student B prepares the others. They then put the questions to each other and answer orally. The questions refer initially to information from the text. The later questions require personal response.

 2a Students listen and then answer the questions.

P 24, actividad 2a

Usted ha sido víctima de un robo. Y además conoce a su agresor. ¿Le va a denunciar a las autoridades? Se me ocurren cuatro buenos motivos para hacerlo:

Primero, el deseo de vengarse, el apetito natural de justicia.

Luego quiere que le compensen por su agravio.

Claro, quiere que se evite la posibilidad de que el delito se repita.

Y al fin y al cabo, siente un imperativo moral de cooperar con el sistema judicial.

Pero son fuertes los factores que le van a disuadir de acudir a la justicia:

El impacto psicológico, el miedo, la depresión que pueden seguir un asalto.

Además, se siente vulnerable, impotente, piensa que nadie le va a ayudar.

Prefiere olvidar lo ocurrido, por si el recuerdo o la humillación llegan a dominar su vida.

Answers:

1 *venganza; compensación; evitar repetición; cooperación con el sistema judicial*
2 *el impacto psicológico; la vulnerabilidad; el olvido*

2b Students write about 150 words to explain the reasons for or against reporting a crime to the police. They include further ideas of their own and give their personal reaction to the situation.

3 Students use the Internet (Spanish-language websites) to find out more about the three topics listed. They take notes on facts and figures and on vocabulary and technical languages. See Information and communications technology on page 10 for advice on Internet research.

Repaso Unidades 1–2

Grammar focus

♦ Mix of tenses

Skills focus

♦ Listening for gist and detail
♦ Reading for gist and detail
♦ Reworking language in oral work

Key language

*otorgar;   el ayuntamiento;   la urbanización;
rechazar;   el despido;   alegar;   desleal*

Resources

♦ Students' Book pages 25–26
♦ CD 1, tracks 13 and 14

1   Students read the text on the clash of
civilisations and find equivalent Spanish phrases in
the text for the English phrases 1–6.

Answers:

1 *han jugado papeles*
2 *a lo largo de la historia*
3 *empezó a darles más importancia*
4 *se ha vuelto a surgir*
5 *como consecuencia de*
6 *nos ha devuelto*

2a Students answer the questions in English.

Answers should include:

1 it's a universal phenomenon
2 increased
3 they integrate more slowly and with difficulty
4 not a problem

2b In pairs students discuss in Spanish the topics
presented in the questions.

3   Students listen to the report about the protest
and answer the questions in their own words.

P 25, actividad 3

Alrededor de 1.700 inmigrantes se encerraron
el sábado 5 en la catedral de Barcelona y la
iglesia Pi. Pedían *papeles para todos*, el lema
por el que se han hecho más conocidos este
tipo de manifestaciones. Aunque aseguran
que pactaron con el Obispo de Barcelona,

Ricard María Carles, abandonar la catedral a
las nueve de la mañana del lunes, fueron
desalojados violentamente por la policía.
Quince personas fueron detenidas y serán
expulsadas del país por estancia ilegal, pues
no tienen los *papeles* que precisamente
pedían. El caso ha provocado distintas
opiniones sobre la estrategia de la defensa de
los inmigrantes, así como las oportunas
acusaciones políticas.

Answers should include:

1 *gran número de inmigrantes sin papeles*

---

2 *salir del catedral el lunes a las nueve de la
   mañana*
3 *la policía los desalojó violentamente*
4 *quince personas fueron detenidos*
5 *debería permitir el manifestación y considerar un
   amnestía por los inmigrantes ilegales.*

4a Students listen and answer the questions in
English.

P 26, actividad 4a

El Ayuntamiento pide a la Dirección General
de Tráfico que le permita instalar cámaras de
videovigilancia. Quieren grabar las matrículas
de los vehículos que entran en una lujosa
urbanización. Una solicitud similar fue
rechazada por la Delegación del Gobierno. Ya
cuentan con vigilantes privados. El futuro
cuartel de la Guardia Civil estará a dos calles.
La Ley de Videovigilancia respeta al máximo
la intimidad de las personas. La justificación
del Ayuntamiento es que necesita controlar el
tráfico.

Answers:

a The Town Council;
b in an exclusive housing development;
c to take down the number plates of cars which
   enter;
d Guardia Civil barracks nearby; new privacy laws;
   a similar application already turned down.

4b They complete the sentences with the correct
form of the verb.

Answers:

a *instale;*   b *fueron grabados*   c *rechazó;*

d *es respetada / se respeta*

5a Students read the text on the dismissal of a
supermarket employee and answer true (*V*) or false
(*F*) or not mentioned (*NM*) for each sentences.

Answers:

a *F;*   b *V;*   c *NM;*   d *F*

5b Students use the information to explain what
happened from the point of view of the dismissed
worker. They should include in the argument
something about the use of CCTV cameras.

6   Students study the photograph and then write
about 100 words to explain what is going on and to
give their opinion and reaction.

7a Students read the Spanish text on child suicides and translate the last paragraph into English. Answer the questions in Spanish.

Sample translation

Children under 14 should not be judged by a criminal system designed for adults. If it is necessary to hold them in custody, they should be detained by the local authorities and not in institutions that mimic adult prisons, where adolescents feel desperate and are far from their families. When there is only a fine line between vulnerability and criminality [*literally*, when the difference between vulnerability and criminality is no more than a thread], there can be only one guiding principle … The desire to punish young people must never eclipse their right to a life.

7b Students answer the questions in Spanish

Answers should include:

1 *porque tiene 15 años y se suicidó*
2 *se han duplicado en diez años*
3 *Pueden encerrar a los jóvenes por más tiempo y registrarlos*
4 *menos control y más rechazo del sistema*
5 *que deben de ser detenidos en otra parte y no juzgado como adultos*
6 *están lejos de la casa del joven*
7 *Sí*
8 Student's own words

Unidad 3 La riqueza, la pobreza y el desempleo

Unit objectives

By the end of this unit, students will be able to deal with the following topics:
- the rich and the poor in Spanish-speaking countries
- the advantages of the public and private sector
- the effects of globalisation
- unemployment in the global market

Grammar

By the end of this unit, students will be better able to:
- use 'si'clauses past and future
- use the comparative and superlative

Skills

By the end of this unit, students will be better able to:
- explain a text in Spanish
- improvise and use spontaneous language in orals
- answer unprepared questions

Resources

- Students' Book page 27
- CD 1, track 15

This page introduces students to the main themes and vocabulary of the unit. It tries to give a perspective from the culture of the countries concerned, rather than characterising them as "pobres".

Students could research further information about Juan Luís Guerra and his songs.

1a Students match up the phrases with the definitions.

Answers:

un comedor social = cooperativa donde se puede comer barato; dos cubetas para mojarme la vida = sin cuarto de baño; en ONATRATE = transporte público atestado; bienes raíces = casa y terrenos; el Hotel Lima = un restaurante prestigioso; La UASD = la Universidad Autónoma de Santo Domingo; la Pedro Henriquez = una Universidad prestigiosa y cara

1b Students listen to the song and should listen out for the phrases listed in 1a. They then decide which of the seven statements refers to the singer and which to "her". There is also a spoken version of the song lyrics on the recording if the song is too fast for students.

P 27, actividades 1b y 1c

« me enamoro de ella »
Yo era de un barrio pobre
del centro de la ciudad
ella de clase alta
pa' decir verdad
montada en un Mercedes
automático, dos puertas
yo, rodando en ONATRATE
con un pie adentro, otro afuera
Ella en la Pedro Henríquez
yo, estudiante de la UASD
ella, suma cum laude
yo, suma dificultad
pero el amor se viste
de lino y de franela
y cada día que pasa
yo me enamoro de ella, ay, oye ...

Me enamoro de ella
me enamoro de ella
de sus ojos claros, de su risa bella
me enamoro de ella.

Ella en un club de tenis
yo, a veces juego billar
ella, almuerza en el Lina
yo, en un comedor social
tiene en su residencia
un sauna, una piscina
en mi pensión dos cubetas
para mojarme la vida

Ella en bienes raíces
hereda la capital
yo, tengo que hacer magia
para trabajar
pero el amor se anida
y no sabe de cuentas
y cada día que pasa
yo me enamoro de ella, ¡ay oye!

Me enamoro de ella ...

Esta historia se escribe

---

sin principio ni final
ella estando en sus buenas
y yo siempre estando mal
pero el amor se viste
de lino y de franela
y cada día que pasa
yo me enamoro de ella, ¡ay, ombe!

Me enamoro de ella ...

Si ella cediera un poco
mi vida fuera ideal
bájate de esa nube
y deja de soñar
es que el amor se viste
de lino y de franela
y cada día que pasa
yo me enamoro de ella, ¡ay oye!

Me enamoro de ella ...

Skills focus

♦ Analysing information
♦ Expressing comparisons
♦ Explaining a text in Spanish

Resources

♦ Students' Book pages 28–29
♦ CD 1, track 16
♦ Copymasters 11, 12

1a Students study the three maps and answer the questions.

Answers:

1 Argentina, Mexico
2 Chile, México, Uruguay, Venzuela, Argentina
3 Bolivia, Guatemala, Honduras, Colombia, Nicaragua, Perú, República Dominicana, México

It is interesting to note that while Mexico's average per capita income makes it one of the richest, on the other map it still appears as one of the countries with most people living in poverty. This fact will be explored in the rest of the spread.

Answers :

1 *cantante;*   2 *cantante;*   3 *ella;*   4 *ella;*
5 *ella;*   6 *ella;*   7 *cantante*

 1c Students listen a second time and write out statements with a contrasting meaning to the statements 1–7 in Exercise 1b. A contrasting statement for 1 is provided as an example.

Answers:

2 *transporte público / Mercedes*
3 *universidad privada / UASD*
4 *tenís / billar*
5 *restaurante / comedor social*
6 *sauna y piscina / dos cubetas*
7 *trabajar / bienes raíces*

1d Work in pairs. Students explain to a partner in their own words the differences in lifestyle between the singer and the girl he loves.

1e Students read the text of the song and write the verb in the correct tense.

Answers:

1 *llevaba;*   2 *estaba cenando;*   3 *trabajaba;*
4 *Estaba saliendo;*   5 *preguntó;*   6 *contestó*

Extremos y contrastes

Grammar focus

♦ Comparisons

Key language

un tercio;   *los bienes;*   *la tasa;*   *el acero;*
un promedio;   *los ingresos;*   *el sueldo;*   *oscurecer*

 1b Students listen and decide whether the statements based on the maps are true or false.

P 28, actividad 1b
1   México es un país rico, pero con muchos pobres.
2   Colombia es un país bastante rico, pero con muchos pobres.
3   Chile es un país rico con relativamente pocos pobres.
4   Todos los países de Centroamérica tienen muchos pobres.
5   Los países grandes son relativamente pobres.
6   Uruguay es un país pobre, pero un porcentaje importante de la población es rico.

Answers:

1 *V*   2 *V*   3 *V*   4 *F*   5 *F*   6 *F*

1c Students translate the sentences into Spanish.

Sample answers:

1 *El ingreso medio en Bolivia es más alto que en Nicaragua, pero Nicaragua no tiene tantos habitantes que viven en la pobreza.*
2 *El Perú tiene tantos habitantes pobres como Nicaragua pero es un país más rico.*

3 *Costa Rica no es el país más rico pero sí tiene menos habitantes que viven en la pobreza.*

1d Students follow the examples of Exercise 1c above and write similar contrasting statements, basing their answers on information on the maps.

2a Students read the statements on Mexico and categorise them as positive (*P*) or negative (*N*).

Answers:

a *P* **b** *N* **c** *P* **d** *N* **e** *N* **f** *N* **g** *P*
h *N* **i** *P* **j** *N* **k** *P* **l** *N* **m** *N*

2b Work in pairs. Students use the information on Mexico to present their viewpoint, taking one side of the argument. The introductory phrases on page 7 may be useful to the students in conducting their discussion.

3 Students study the cartoon and explain why they think that it is relevant to our analysis of the economy of a country such as Mexico. You may need to lead some students to see the connection: it is absurd to take the average when the reality is one of dangerous extremes. The average income in Mexico is 9,000 dollars per year, but it can't be deduced from that that the economy is healthy. The rich are very rich and the poor are very poor.

4 Using the information from pages 28 and 29 students write about 100 words on the topic.

5 Work in pairs. Students read the text about food cooperatives in Peru, and in pairs discuss the questions.

¿La globalización genera empleo?

Grammar focus

♦ Use of tenses

Skills focus

♦ Reading for gist and detail
♦ Listening for context and detail
♦ Expressing and recognising opinions
♦ Writing an explanation
♦ Explaining a text in English and Spanish

Key language

las políticas;	*el comercio libre;*
el paternalismo;	*el consumismo;*
los subsidios;	*la inversión;*
las tarifas;	*el bienestar;*
asequible;	*el destino*
el desempleo;	*la desocupación;*
el paro; friccional;	*estacional;*
un desajuste;	*desplacerse*

Resources

♦ Students' Book pages 30–31
♦ CD 1, track 17
♦ Copymaster 13

1 Students read the two texts which help to define the political terms paternalism and free trade. Students may be put off by the political terminology. Check their understanding by asking them which ideology believes the government should actively be involved in helping the economy (paternalism) and which one believes that government interference leads to inefficiency (free trade). Students then decide if the policies listed are representative of paternalism or of free trade.

Answers:

El paternalismo = *los subsidios;   las tarifas sobre bienes importados;   la protección de la industria;   un sistema de seguridad social;   la industria nacionalizada*

El comercio libre = *el mercado libre;   la agroindustria;   la inversión extranjera;   las importaciones / exportaciones;   el consumismo;   la modernización;   la eficiencia*

2 In pairs students read the two texts a and b, and explain them using the questions as prompts.

3a Students read the text and decide which it represents: paternalism or free trade?

Answer:

paternalism

3b Students listen to the student Santiago explaining the text and make notes about the way in which he describes the context; explains the main idea; gives examples to illustrate; adapts the text linguistically; uses his own words. It may help to show students the transcript so that they can also see the words written down and have a clear example of how the presentation answers the questions.

P 31, actividad 3b

Habla una mujer, que nos dice que el gobierno fija el precio de las tortillas. Eso significa que garantiza a los agricultores un precio justo, y a la vez garantiza a las amas

> de casa de que van a poder dar de comer a sus familias. Para ella es imposible imaginarse cómo daría de comer a la familia si no pudiera comprar tortillas.

4 Students write about 100 words to explain the problems in coffee production demonstrated by the facts provided. They should use the statements given as a basis for their answers but do not need to translate each one word for word.

5 Students read the text aloud twice. They explain what it means in their own words, first in English and then in Spanish. The idea is to allow students to hear the words not just see them and thus hopefully understand better what the text is about. The material appears quite technical and lofty in tone but in fact is common sense and they should be able to explain it in their own words.

6a Students look up the key words if they don't already know their meaning. They should be able to infer the meanings of other key words from the context and using cognates.

Answers:

unemployment; cyclical, structural, frictional, seasonal; prejudicial / harmful; imbalance; move; precarious; fluctuations

6b Students then answer the questions basing their answers on the vocabulary and structures from the text.

Answers should include:

1   el cíclico
2   El crac del 29
3   Las empresas pequeñas y medianas. No se adaptan.
4   La technología/ los avances tecnológicos
5   Es normal en la sociedad
6   La cosecha de patatas o frutas en el Reino Unido/de uvas en España

Empleo/Desempleo en el mercado global

Skills focus

♦ Comparing and expressing numbers
♦ Practising specific oral skills
♦ Explaining a text in Spanish
♦ Interpreting opinions
♦ Listening and explaining in English
♦ Writing a letter in Spanish

♦ Giving advice in Spanish

Key language

el microcrédito;	*invertir;*	*prestar;*
la cabra;	*el cerdo;*	*conllevar;*
gubernamental;	*los sindicatos;*	*fomentar*

Resources

♦ Students' Book pages 32–33
♦ CD 1, track 18

1 Students read the article on unemployment in Spain and explain what the words **in bold** mean.

Answers:

breaks records; 3.1 million unemployed; the collapse of the property market; has been made worse; with an increase; has hit immigrants hard; were counted / there was a total of; with a rate which rises to; the level of unemployment has increased; cannot justify their plans for redundancies/plans to lay off workers; under the umbrella of the economic crisis

2 Students read the advice given in the *Técnica* section on page 35 about skills for oral work and then answer the questions, implementing the techniques described.

Students answer in their own words.

4a Students read the text on the role of the worker and interpret the author's opinions. They categorise the statements under the three headings in the torn off table.

Answers:

Desventajas del sector público : **e**
Desventajas del sector privado : **c g**
Ventajas de la sociedad civil: **a b d f h**

4b Work in pairs. Students then explain their answers to a partner following the example given.

5 Students read the text on Pat Lenheiser and answer the questions in Spanish.

Answers should include:

1 *conoció el banco de pobres en Tijuana / la actitud de las mujeres*
2 *presta dinero a gente pobre*
3 *da dignidad e independencia a la gente pobre*
4 [students' own words]

 6 Students listen and answer the questions in English.

P 32, actividad 2

Yo al principio no quería coger el dinero que ofrecían. No me gustaba tomar prestado, y además, tenía miedo de aceptar un préstamo de ellos. Me dijeron, "No toques el dinero del banco gringo, si luego no puedes pagar lo que debes, primero llevan a tus hijos, luego vienen por ti". Pero la co-ordinadora insistió, y me prestaron mil pesos. Me compré un comal de segunda mano, una botella de gas, y el maíz para hacer tortillas. Puse mi negocio de hacer y vender tortillas. Ya dentro de seis meses pagué el dinero poco a poco, y me sobró para salir adelante con mi negocio. Ahora mis hijas trabajan conmigo, y mi esposo se encarga de las ventas en la nueva tienda.

Answers should include:

a not want to accept money / especially from gringos / fear

b 1.000 pesos / invested it in making tortillas

c nothing

d going well / daughters and husband work with her and they have a shop

7   Students use the ideas on pages 30 to 33 to help them write a letter to a member of parliament about the problems faced by the poorest people who wish to incorporate themselves into the modern economy. They should also use the vocabulary supplied.

8   In groups, students discuss and analyse the current unemployment situation. They write in a list advice for someone who has recently lost their job.

¡Atención, examén!

Grammar focus

♦ 'Si' clauses and sequence of tenses

Resources

♦ Students' Book pages 34–35
♦ Copymasters 14, 15

Usually or probably

Explain the sequence of tenses in Spanish in statements beginning with 'si', which express common (usual) or probable consequences. English: If you do this ...

A   Students analyse the examples and translate them into English.

Answers:

1 **Present: future.** If you don't earn enough, your children will have to work to help you.

2 **Present: present.**   If they work, they don't go to school.

3 **Present: future.**   If they don't study, they wont get a good job.

4 **Present: imperative.** If you get the chance – study!

B   Students translate the sentences into English.

Answers:

1 If my father doesn't work, we go hungry.

2 Tell me if you can help.

3 If there are no social security policies, the most vulnerable don't receive services (medical attention etc.)

4 We need to ask politicians if they think it is fair.

C   Students write the sentences in Spanish.

Answers:

1 *Si puedes comprar el maiz por menos dinero de lo que lo puedes cultivar, entonces no puedes sobrevivir como agricultor.*

2 *Si te mudes a la ciudad perderás contacto con la comunidad.*

3 *Si no puedes dar de comer a tu familia, vende tu terreno.*

4 *Puedes comprarte un coche importado si tienes dinero.*

Doubt or hypothesis

Explain the sequence of tenses in Spanish in statements beginning with 'si', which express doubt or hypothesis. English: If you did this ... If you were to ...

D   Students analyse the tenses used and then translate the sentences into English.

Answers:

1 **Imperfect subjunctive: conditional.** If I were to go to the city, I would earn more money.

2 **Pluperfect subjunctive: conditional perfect.** If I could have, I would have gone to the city.

3 **Pluperfect subjunctive: pluperfect conditional.** If I had gone to the city, I would have earned more money.

E   Students translate the sentences into English.

Answers:

1 If they had invested more money they would have avoided the crisis.

2 If I had know about it (before) I wouldn't have gone to the city.

3 If I were to do it again, I wouldn't change my decision (mind).

4 I couldn't help them even if I had wanted to.

F Students translate the sentences into Spanish.

1 *Si tuviera el dinero, me iría a los EEUU.*

2 *Los ricos tendrían que comer su dinero, si los pobres no les diera alimentos.*

3 *Si no hubiera vendido mis terrenos, no estaría limpiando vitrinas en la ciudad.*

G Students translate each example into natural English.

Answers:

1 Next time you do that, I shall punish you.
2 As if I knew it all.
3 As long as you work, you will succeed.
4 Provided that they lend me the money, I shall be able to do business.
5 As long as there is wealth, there will be poverty.

Técnica

Improvising: hesitating and stalling

Introduce students to Spanish phrases for use in oral communication to cover hesitation, uncertainty, stalling for time to 'think on your feet'.

Students study the vocabulary given. Make sure they understand the phrases.

They should think of further examples of their own.

1 Students practise firing the questions supplied at a partner, who should practise stalling tactics while they look for a suitable answer.

Dealing with a difficulty

Show students how they might reply to difficult questions. Rather than be silent or say I don't know, they can display oral skills and show their knowledge of Spanish by the way they express their difficulties.

Students study the examples given. Make sure they understand them.

2 They follow the examples given and practise answering the difficult questions provided.

Thinking of what to say

Introduce students to the rules of the game 'Being Ben'. The aim of the exercise is to give confidence in their ability to speak Spanish. It is easier to say the

answers in Spanish than to think of the answers in English!

3 Students play the game "Being Ben" to answer the questions.

Meeting the exam criteria

Remind students that in answering questions in oral examinations, it is not just giving an answer that matters. It is how you give an answer. Students should find out what earns good marks according to the exam criteria and do that.

4 Group work. Students answer the questions in Exercise 3. Each student in the group will evaluate the answers given.

A escoger

Grammar focus

♦ All grammar points from the unit

Skills focus

♦ Writing using imagination
♦ Questioning a partner about what they have written
♦ Analysing a situation
♦ Listening for detail
♦ Analysing a text

Key language

las artesanías; alfabetización; superarse; explotar; enriquecerse; una fundación filantrópica

Resources

♦ Students' Book page 36
♦ CD 1, track 19

1a Students imagine the life of the woman in the photograph and write about her life, using their imagination, and what they have learnt from the unit.

1b In pairs students ask each other questions to find out what each one has written.

1c Students discuss in groups which of the listed factors might help to guarantee a better future for the woman in the photograph and others like her.

 2a Students listen and decide which statements are true (*V*) or false (*F*). They then correct the false ones.

P 36, actividad 2a

El hombre más rico del mundo no es Bill Gates ni Warren Buffett, sino un mexicano, Carlos Slim Helú. Hijo de inmigrantes libaneses, creció en la capital donde su padre tenía una tienda llamada "La Estrella del Oriente".

Carlos estudió ingeniería en la Universidad Autónoma de México, y desde joven empezó a comprar negocios y bienes raíces.

A principios de los años ochenta la crisis económica paralizó a México, pero Carlos Slim aprovechó para hacer inversiones fuertes en el país, adquiriendo varias empresas a muy buen precio. Dijo, «Si mi papá, en plena Revolución, con el país

sacudido, sin todavía tener familia, siendo extranjero y sin el arraigo que te da el tiempo, confió en México y en su futuro, cómo no iba a hacerlo yo».

Multiplicó su fortuna comprando acciones en Apple Computer, justo antes del lanzamiento del iMac. También hizo negocios con su rival Microsoft. Hoy se conoce como dueño de varias empresas telefónicas en México, país donde el celular tiene más popularidad que el teléfono fijo.

Answers:

1 *F La fortuna personal de Carlos Slim es el más importante (grande) en el mundo.*
2 *F La familia de Slim emigró a México.*
3 *V*
4 *F La crisis paralizó a México.*
5 *V*
6 *V*
7 *V*

2b Students read the statements and complete the grid. Some degree of personal evaluation is required here, eg 2 could be debated.

Answers:

Positive: 1 3 4 6
Negative: 2 5 7

2c Students write about 150 words to explain Slim's activities and give their own opinions about wealth and poverty.

Unidad 4 La energía y la contaminación

Unit objectives

By the end of this unit, students will be able to deal with the following topics:

♦ the causes and consequences of pollution in Spain

♦ the alternative ways of producing energy

♦ the relationship between our lifestyle and the environment

Grammar

By the end of this unit, students will be better able to:

♦ use different tenses of verbs effectively

♦ use negatives

♦ use radical-changing verbs

Skills

By the end of this unit, students will be better able to:

♦ translate a text from Spanish into English

♦ recognise false friends and cognates

♦ adapt language

Resources

♦ Students' Book page 37

♦ CD 1, track 20

Page 37

Energía alternativa

This starter page introduces students to the main themes and vocabulary for the unit.

1a Students read the texts and make a list of useful vocabulary to explain ways of producing energy.

1b Students make a list of the advantages and disadvantages that they can foresee for each idea.

 1c Students listen to the opinions on the recording and make another list based on what they hear. They compare this with the list they made in 1b.

P 37, actividad 1c

a

¿Quién no ha tenido demasiado calor en el metro? La ventaja de este sistema es que el calor ya se genera, pero no se aprovecha

---

todavía. Es una solución local y sencilla, sin necesidad de grandes infraestructuras o tecnologías nuevas. ¿Desventajas? Si las hay, sería que sólo algunos edificios beneficían de una estación de metro debajo.

b

Se trata de una fuente de energía que te hace sentir bien. El cultivo de bio-combustibles es problemático, porque implica una reducción del terreno disponible para cultivar comida. No obstante utilizar los residuos para generar energía soluciona dos problemas a la vez: el problema de la energía y la basura. El inconveniente es que quemar los residuos puede generar gases invernadero.

c

Otro ejemplo de cómo enganchar la energía que se produce y si no se captura, se desperdicia. Es una energía limpia, sin emisiones. Si hay inconvenientes, es que cuando tu equipo pierde no cantas y no generas electricidad.

d

Una solución limpia, que capta la luz del sol y el calor de los vehículos. No hay emisiones tóxicas ni gases invernadero. El inconveniente es que implica cerrar las calles durante la instalación, pero sólo representa una solución para unos cuántos edificios.

---

2 In groups students choose one of the ideas put forward and work on an oral presentation to promote their idea. They then vote on which has been the most convincing presentation. Once the students have voted, you can reveal that the football stadium case is made up. The others are all genuine examples of technology being developed.

Puntos negros en el mapa

Grammar focus

♦ Negatives

Skills focus

♦ Listening for detail

♦ Writing a summary
♦ Reading for gist

Key language

♦ *ni–ni; nadie; ningún/a/os/as; ni siquiera; tampoco*
♦ *contaminación; incineración; emitir; refinerías; productos químicos; generar; residuos; vertedero; la sequía; la tasa; escalofriante; chocante*

Resources

♦ Students' Book pages 38–39
♦ CD 1, track 21
♦ Copymaster 16

1   Students study the map and decide if the statements are true (*V*) or false (*F*).

Answers:

a *V*   **b** *F*   **c** *V*   **d** *V*
e *V*   **f** *V*

2a   Students listen to the commentary on three areas in Spain and work out for themselves the Spanish for the words given in English.

P 38, actividades 2a y 2b

Huelva

La contaminación de Huelva (Andalucía) es el peor caso de Europa. Los ciudadanos viven a 500 metros de un vertedero industrial de residuos tóxicos y radioactivos. La cuidad tiene el desafortunado récord de ser el lugar con la tasa más alta de mortalidad por cáncer en España.

Cataluña

El centro industrial más grande de España se encuentra en Tarragona, Cataluña. Aquí se sitúa la mayoría de la industria del cloro. Algunos de los residuos se vierten al mar por tuberías submarinas, lo que hace desaparecer los contaminantes tóxicos sin

que se pueda controlar efectivamente. En Cataluña, la práctica de la incineración es muy implantada. Con cinco incineradoras que queman residuos urbanos y otra que quema residuos tóxicos, es la comunidad autónoma que más incineradoras tiene. En Tarragona hay dos importantes refinerías de crudo, y tres plataformas de extracción de petróleo.

La Rioja

La Rioja no tiene mucha industria pesada, ni industria de petróleo. No posee plantas para quemar los residuos. Sólo 0,5% de las industrias Españolas que hacen declaración oficial de contaminar están en La Rioja.

Answers:

la contaminación	*el vertedero*
los contaminantes tóxicos	*las tuberías*
residuos urbanos	*crudo*
industria pesada	

2b   Students listen a second time to each section of the commentary and note down information given about the three regions from memory.

Answers:

in the transcript.

2c   Students write down negative sentences about La Rioja using the vocabulary supplied and following the example.

3a   Students read the short texts and reorder them in two columns under the headings Pollution and Climate change.

3b   Students work in pairs to discuss which of the situations poses the most threat to Spain. They use the phrases given to help their discussion.

4   Students write a summary of the environmental threats to Spain using the headings given.

Alternativas

Grammar focus

♦ Radical-changing verbs

Skills focus

♦ Reading for gist
♦ Listening for detail
♦ Expressing opinions in speech
♦ Comparing language differences (Spanish / English) to prepare for translation

Key language

eólica; hélices; fotovoltáico; invernadero; la energía solar; turbinas; aerogenerador; emisiones; los paneles

Resources

- Students' Book pages 40–41
- CD 1, tracks 22 and 23
- Copymaster 17

1a Students read the fragments of text and put them into the correct columns, matching the descriptions to the types of energy generation identified at the top of each column. Three pieces of information are missing.

1b Students listen to the commentary and check their lists, noting the extra information about "plants" (power plants / power stations).

P 40, actividad 1b

La energía solar

Por su situación geográfica, España parece un lugar ideal para explotar la energía solas. Se trata de un recurso natural, que no produce gases invernadero ni emisiones tóxicas.

Pero este sector apenas empieza a desarrollarse. Se quieren construir plantas solares para generar electricidad suficiente para una ciudad grande. A partir de 2006, las nuevas casas tienen que incorporar paneles para calentar agua, y en los planos para los edificios grandes se requieren paneles fotovoltaicos. Los paneles fotovoltaicos generan electricidad aprovechando la tecnología de los semiconductores. Sin embargo, la tecnología actual depende de materiales que son caros y difíciles de obtener en grandes cantidades. Requiere una inversión grande, y un periodo largo para amortizar el gasto inicial.

La energía eólica

España es el segundo país más importante del mundo en la explotación de la energía eólica, después de Alemania. En 2010, España espera producir 15% de la electricidad nacional (o sea 2,1 GigaVatios) de esta forma. Se ha desarrollado tanto que muchos españoles han empezado a lamentar su gran impacto paisajístico. Una turbina puede medir 60 metros, equivalente a un edificio de 15 plantas. Las turbinas o los aerogeneradores convierten el viento en corriente eléctrica. Es bastante eficiente y

recuperan la energía gastada en su fabricación en menos de seis meses. No necesitan combustible, ni generan gases invernadero.

---

2   Students listen and make notes in order to complete the information missing from the grid on

alternative energy, using the questions as prompts for each of the three sections.

P 40, actividad 2

La energía nuclear

La energía nuclear funciona por un proceso de división del átomo, mediante "combustibles" radioactivos como uranio o plutonio.

En términos de emisiones de gases invernadero, es una industria limpia, ya que no quema combustibles fósiles. No obstante genera residuos tóxicos y radioactivos. Todavía no se ha encontrado la manera de deshacerse de esos residuos de forma segura.

España dice que tiene una responsabilidad de desarrollar fuentes renovables, ya que la energía nuclear sólo podría representar una solución para una minoría de los países del mundo. Tiene una política de reducir progresivamente su uso de energía nuclear.

3a Students read and compare the two texts (Spanish / English) about the San Lucar solar power station. They focus on the difference in word order and on technical language.

3b Students complete the translation of the Spanish text into English. The first part has been done for them in Exercise 3a.

Sample answer:

The surface of each one measures 120 square metres and concentrates the sun's rays on to the top of a tower 115 metres high where there is a receiver which consists of a series of panels of tubes, which operate at a very high temperature and through which pressurised water circulates. The steam which is produced in them is sent to a steam turbine which generates electricity.

4   In pairs students discuss their opinions about the solar power station.They use the headings and phrases given as prompts.

5   Students study the sentences and choose the correct tense and form of the verb to complete them.

Answers:

a *puede*   **b** *se convierte*   **c** *calientan*
d *dicen*   **e** *empieza*

La ley de la demanda

Grammar focus

♦ Different tenses of verbs

Skills focus

♦ Reading for gist and for detail, cognates and synonyms, comprehension
♦ Translation into English
♦ Discussing and arguing a point.

Key language

un derroche; el calentamiento; costear; omiso; empeñarse en; atascada; concienciar; entrañar; desaceleración; contundente; frenar

Resources

♦ Students' Book pages 42–43
♦ CD 1, track 24
♦ Copymaster 18

1a Students read the text and find meanings for the English words given.

Answers:

un derroche; hacemos caso omiso; el desplome; el auge; la menor renta; el impuesto

1b They then find synonyms for the Spanish words given.

Answers:

confort; un derroche; seguir; el aire acondicionado; locura; la luz; descuento

1c Students decide whether the given statements are true or false. They answer in Spanish.

Answers:

a *F* **b** *F* **c** *V* **d** *V* **e** *F*

1d Students answer the questions in Spanish.

Answers should include:

♦ not just factual content;
♦ but also clarification of the argument.
♦ Students should think about the quality of the language.

Sample answers:

a Es ridículo utilizar energía para que tengamos tanto frío en verano que hay que poner un suéter en la oficina o que en enero calienten los lugares

públicos para que vayas al cine en invierno en ropa de verano.

b Compran coches muy rápidos o especializados, pero en la ciudad solamente pueden ir muy lentos. Compran coches muy grandes para transportar a una sola persona.

c Se supone que queremos dar incentivos para que gastemos menos energía, pero el sistema de tarifas da precios más bajos a los que más consumen.

d Puede ser a causa del desplome económico, que significa que las familias no ganan ni pueden gastar tanto, o puede ser el resultado de un nuevo impuesto destinado a frenar la demanda.

 2a Students listen to the opinions of Loís, Jesús and Ana and decide who says what.

P 42, actividad 2a

Loís
No creo que la economía y el respeto al medio ambiente sean incompatibles. Cuando la economía sufre, se sacrifican las iniciativas medio ambientales. Es importante desarrollar nuevas tecnologías más limpias, y, a veces, tenemos que pagar un precio más alto para contaminar menos. Precisamente porque nuestra economía va bien, que podemos aceptar la responsabilidad. Además la economía ya no se basa sobre la industria pesada. La economía moderna es más limpia.

Jesús
No estoy de acuerdo contigo, Loís. Cuanto más ganamos, más queremos gastar. Compramos coches cada vez más grandes y contaminantes. Viajamos distancias más grandes para trabajar o ir de vacaciones. Construimos más casas e importamos bienes fabricados desde el otro lado del mundo.

Ana
Yo no echo la culpa a la economía, sino a nuestra actitud. Puedes tener más dinero sin querer gastarlo en lujos innecesarios. Los coches y otros excesos son símbolos de nuestra riqueza, pero no contribuyen realmente a nuestra calidad de vida. Puedes disfrutar de una vida en armonía con el planeta.

Answers:

1 Jesús	2 Loís	3 Jesús
4 Ana	5 Ana	6 Loís

2b With a partner students discuss the question "Is the economy the environment's worst enemy?"

3 Students read the text and identify the tenses of the underlined verbs. Then they should explain in English how each tense is formed and its usage.

Answers:

preterite, 3rd person plural, uncompleted time frame; perfect, 3rd person plural, specific event in the past; future, 3rd person singluar, what will happen; perfect, 3rd person, non-specific time frame; conditional, 3rd person, what could happen.

4a Students translate the text into English.

Possible translation:

This is the government's dilemma: do they do something to halt emissions or boost economic stability and jobs? In the Kioto protocol, countries promised to limit the rise in greenhouse gases to 15% of their 1990 level. Today emissions have increased by 52%. If it doesn't do something, Spain in four years time will be emitting 50% more than it did in 1990. Is there a way to reconcile this conflict of priorities? It has been suggested that Spain should buy quotas of emissions from other countries, so that it could continue to contaminate but at a cost of more than 3 million euros.

4b Students then study the questions about the translation skills involved. They should be encouraged to give examples for each problem they encountered.

5 Having studied the cartoons students discuss the statements and questions with a partner.

¡Atención, examén!

Grammar focus

- The main tenses of verbs
- Radical-changing verbs
- Spelling change verbs

Resources

- Students' Book pages 44–45
- Copymasters 19, 20

The main tenses of verbs

A Students follow the flow diagram and make up a similar one for the given verbs. putting in all the verb endings for the different persons and tenses. They can use post-it stickers to overlay the -ar/-er/-ir verbs

B Using the flow charts, students find the correct verb ending for each:

Answers:

1 *hablo*   **2** *hablará*   **3** *vivían*   **4** *ha tomado*   **5** *decidimos*   **6** *gastarán*   **7** *contribuirían*

Radical-changing verbs

C Students revise when and how verbs change their root and give the infinitives for the underlined verbs. They identify the verbs which are not radical-changing.

Answers:

verter;   *depender* (not radical)*;*   *invertir;*
convertirse;   *desechar* (not radical)*;*   *requerir;*
seguir;   *pensar;*   *empezar;*   *calentar*

D Students translate the sentences into Spanish.

Answers:

1 *Murió a causa del contacto con desechos tóxicos.*
2 *Quieren cambiar la ley.*
3 *Dicen que es un escándalo.*
4 *Las empresas simplemente mueven sus operaciones al extranjero.*
5 *Pueden evitar las restricciones ecológicas.*

Spelling change verbs

Point out to students that there are reasons other than radical-change that require a change in spelling in the conjugation of verbs.

E Students study the conjugation of the listed verbs and say why each one has a spelling change.

1 *pagar* (needs a *u* to preserve the hard sound)
2 *averiguar* (needs a u diaerisis [*ü*] to preserve the 'gua' sound)
3 *sacrificar* (needs a *que* to preserve the hard sound)
4 *creer* (needs a *y* to separate out the two *e* sounds)
5 *construir* (needs a *y* to separate out the *u* and *e*)

Técnica

Translating from Spanish into English

Introduce the students to the skills required: not just 'getting the words right', but producing a translation that reads fluently in English.

1 Students read through the advice and translate each example, paying particular attention to each point made.

Answers:

- There's no point in beating about the bush over this matter. We've all got to start finding a solution.

♦ His / her contribution is so very important. There have been some 500 forest fires.

♦ What are you complaining about? We did it without them realising what was going on.

♦ If we don't do anything we'll end up destroying the planet.

♦ The government required improvements (to be made).

♦ This has been under development for several years.

♦ The new plant has been inaugurated. It's been generating electricity for three months.

♦ Solar power (energy) offers an alternative solution.

♦ The increase in green house gases is threatening the planet.

♦ The motoring organisation Anfac has asked the government to restart the "Prever" car-buying allowance. [Literally: Anfac has asked the government to take back plan Prever]

2 Students translate the words, which are 'false friends' (ie the form of the word in Spanish is likely to trick them into translating with an English cognate, which does not necessarily have the same meaning). Once they have translated the words listed, the whole class should think of further examples and students should make a list and learn them by heart.

Answers:

understanding; current, topical, present-day; to attend, be present at; special, private; decisive, most important; conscious, aware; sensitive

3 Students look at how some Spanish word endings are matched by similar word endings in English. They find Spanish words with the endings listed and write down the English equivalent.

4 Students translate the text. They should look out for examples of words with endings like those listed in Exercise 3.

Possible translation:

The future installation of the first wind farm in the sierra Javalambre has not been well received by everyone. Whilst the town councils of the three affected towns seem to be satisfied with these wind turbines, ecologists have declared their opposition to them, considering them to have a "huge impact on the countryside". Even though they defend the system for production of energy, the ecologists think that "they should use their common sense more when they approve the installation of wind turbines which are starting to appear in excessive numbers".

A escoger

Grammar focus

♦ All the unit's grammar points

Skills focus

♦ Listening and taking notes
♦ Reading for general understanding
♦ Discussing and justifying opinions
♦ Translation into English

Key language

una broma; peligrosa; riesgos; la maquinaria; los aerogeneradores; inocuo/a; emitir; los engranajes; el vertededero; los hornos

Resources

♦ Students' Book page 46
♦ CD 1, track 25

 1a Students listen to the joke warning and identify the substance it describes.

P 46, actividad 1

El monóxido de dihidrógeno es una sustancia que está presente en casi todos los casos de contaminación de los ríos, lagos o mares. También se encuentra en los alimentos que se compran en los supermercados, y se han encontrado cantidades importantes de esa sustancia química en el cuerpo de personas internadas por varios motivos a los hospitales y clínicas, incluyendo a víctimas de cáncer.

Esta sustancia es utilizado en grandes cantidades por varios sectores industriales, y en muchos casos las industrias vierten el monóxido de dihidrógeno al mar o a los ríos, sin que el gobierno intervenga. Es el factor principal en la erosión de los suelos, y es un componente de la lluvia ácida.

Se trata de una sustancia que está implicado en millones de muertes cada año. En su forma líquida, su inhalación, aun en pequeñas cantidades resulta mortal. Cuando se trata de un gas, puede quemar la piel y, además, es un factor responsable del cambio climático. Como líquido, su efecto sobre los frenos de los coches es bien conocido, pero cuando se solidifica, provoca cada año graves accidentes de tráfico y pone a riesgo miles de vidas en aeropuertos.

Answer:

water

1b Students listen a second time and make notes, which they turn into a leaflet or web page warning about the substance. They use the headings given as prompts.

2a Students read the texts about wind turbines and put the dangers listed into the order of gravest danger.

2b Students discuss in pairs their lists and add further pros and cons.

3 Students translate the text into English.

Sample answer:

Old tyres piled up in great quantities on rubbish tips have a negative impact on the environment. Besides being a waste of energy and of materials used in their production, they contribute to the growth in illnesses as they become a refuge for insects and they constitute a serious risk of toxic fires. One idea is to send discarded tyres to industries which use vast furnaces to produce the energy they need, such as concrete factories or paper mills, where the tyres can replace the use of polluting fuels like coal.

Repaso Unidades 3–4

This section provides an opportunity for a quick revision of the language, grammar and skills covered in Units 3 and 4.

Grammar focus

♦ All aspects covered in Units 3 and 4

Skills focus

♦ Reading for detail
♦ Listening for gist and detail
♦ Reworking language in oral and written work
♦ Translating from Spanish to English
♦ Translating from English to Spanish

Key language

la inversa; encabezar; el infarto; relegarse; el chiste; otorgar

Resources

♦ Students' Book page 47–48
♦ CD 1, tracks 26 and 27

1a Students read the text on principal causes of death and decide if the statements are true (*V*) or false (*F*) or not mentioned (*NM*). It is helpful to point out how the "not mentioned" sentences are different from the "false" ones.

Answers:

1 *NM*   **2** *F*   **3** *F*   **4** *V*   **5** *V*

1b Students complete the sentences using their own words, but following the ideas expressed in the text.

Sample answers:

1 *los mismos pero a la inversa*
2 *una broma*
3 *mata a millones*
4 *los bebes / los pequeños niños*
5 *tengan responsibilidad por la suministración del agua en lugar de las compañias privadas*
6 *los más pobres no puedan pagar los precios altos por la conexión al agua*

2 Students listen to three people expressing their opinions and then decide which of the ideas a–i corresponds to each person. The first answer is provided in the example.

P 47, actividad 2

1 Cuando el estado se hace responsable de las redes de distribución del agua, nunca va a poder invertir lo suficiente para alcanzar las zonas más alejadas del país. Los capitalinos se aprovechan de la infraestructura estatal y en las zonas rurales casi el 30% de la población no tiene acceso al agua potable. No sólo sufren daños en su salud, sino que además pierden tiempo en recoger y transportar el agua, tiempo restado a los estudios de los niños o al desarrollo de la mujer.
2 Cuando una empresa internacional interviene en el "mercado" del suministro del agua, invierte para extender la infraestructura, pero luego quiere ver ganancias. Si cobra más a los pobres o provoca motines o los pobres continúan trayendo agua de otras fuentes.
3 Cuando una empresa pequeña se encarga de vender el agua a la comunidad, adecua su servicio y sus precios al mercado local. Además genera empleos en la zona a través de las actividades de abastecimiento y distribución de agua potable en garrafones. Crea una infraestructura sostenible, que no requiere una inversión desorbitada ni un mantenimiento técnico inalcanzable.

Answers:

b 3	**c** 1	**d** 3	**e** 2
f 1	**g** 2	**h** 3	**i** 1

3 Students write about 100 words to explain why the distribution of water in remote areas requires a local solution. They use the headings and ideas provided to guide them.

4 Ask students to match the different sorts of energy supply listed with the pictures, and then to sort them under headings of renewable / non-renewable energies.

Answers:

1 *h*	**2** *f*	**3** *g*	**4** *a*
5 *c*	**6** *e*	**7** *d*	**8** *b*

5a Students translate the article into English.

Model answer:

The consumption and waste of energy

As a society develops its energy consumption increases; but unfortunately that energy use is often not efficient. Certainly energy efficiency improves the quality of life, and with an efficient and more responsible use of energy we can enjoy more goods and services without consuming more energy. Moreover, in this way we make ourselves less vulnerable in the face of possible supply failures, given the fact that energy is the motor that makes the world go round. Without energy it would not be possible to watch television, nor to travel in cars and buses; we would not have lighting or heating in our homes. We take energy use for granted and we are only aware of it when we are without it.

5b Students translate the rest of the article into Spanish.

Sample translation:

Podemos agrupar las llamadas fuentes de energía en dos grupos: energía renovable y energía no renovable.

Las energías renovables son inagotables y no tienen ningún impacto medioambiental ya que no emiten gases nocivos de efecto invernadero.

Las energías no renovables son aquellas que disponen de reservas limitadas que se reducen al consumirlas. Al disminuir las reservas, la extracción se hace más difícil así que su precio se incrementa.

Es inevitable que si continuamos con el nivel actual de consumición, las energías no renovables ya no van a estar disponibles, quizás porque van a estar agotadas o porque su extracción ya no va a ser asequible.

6 Students listen to the feature on the use of energy in the home. They answer the questions which follow.

P 48, actividad 6

Un estudio reciente demostró que los sistemas *standby* consumieron un total del 8% de toda la energía utilizada en los hogares británicos. Por esa razón el Gobierno británico ha ordenado que sea eliminado de televisiones y reproductores de DVD, así que esa lucecita que se queda encendida cuando apagamos el televisor con el mando a distancia tiene los días contados porque sin duda, los demás países no tardarán en seguir su ejemplo.

Unidad 5 S.O.S. ¡Protejamos nuestro planeta!

Unit objectives

By the end of this unit, students will be able to deal with the following topics:
+ the necessity of recycling
+ the impact of different means of transport on the environment
+ our responsibilities towards the environment
+ the sustainability of the planet

Grammar

By the end of this unit, students will be better able to:
+ use the imperative and the present subjunctive
+ use verbs followed by the infinitive or a preposition
+ understand the uses of the verb 'tener'

Skills

By the end of this unit, students will be better able to:
+ translate a passage successfully from English to Spanish
+ write a Spanish composition of 250 to 400 words

Resources

+ Students' Book page 49
+ CD 1, track 28
+ Copymaster 21

This starter page introduces the students to the main themes and vocabulary for the unit.

1a Students match the ideas expressed in sentences (a–f) with the headings (1–6).

Answers:

1 *f*   2 *c*   3 *a*   4 *e*   5 *d*   6 *b*

1b Students re-read the sentences in Exercise 1a and consider which of the ideas concerns them most. They give their reasons.

2a Students discuss in pairs whether future generations will have to go to other planets or to space stations because of the poor quality of life on Earth. They use the introductory phrases given to express their views.

2b Students listen to the views of the young person on the CD and answer the questions.

P 49, actividad 2b

Para poder hablar del futuro deberíamos fijarnos más en el mundo actual pues cada día se desarrollan nuevas tecnologías en el campo de la energía, la medicina, la ingeniería, etc. Esto significa que en 100 años se habrán inventado cosas que hoy día desconocemos.

Por ejemplo, pensad por un momento en el crecimiento demográfico: en 1890 la gente de las grandes ciudades se asombraba al hacer cálculos de cuanto excremento de caballo habría en las calles en el año dos mil si la población seguía creciendo, ya que en ese entonces el caballo el medio de transporte más utilizado. Nunca contaron con la invención de otros medios como el automóvil, las motos, las bicicletas, etc.

En aquelle época el carbón era el principal combustible y la gente también se asombraba al imaginarse cuanto humo de carbón habría en el aire en el futuro pero nunca se imaginaron el descubrimiento de tecnologías como la energía solar, nuclear, etc.

La época actual es su futuro. ¿Caminamos entre excrementos de caballo? ¿Respiramos el humo del carbón? ¿No? Pues en base de estos ejemplos, ¿por qué hablar del fin del mundo basándonos en lo que conocemos hoy? Mejor preocupémonos por alcanzar los cambios básicos necesarios que están a nuestro alcance, pongamos nuestro granito de arena y dejémonos ya de hacer suposiciones de lo que pasará mañana.

Sample answers:

a *optimista*
b *En el siglo XIX se especulaba sobre el aumento de los excrementos de caballo y del humo del carbón*
c *Nuevas tecnologías*
d *Preocuparnos por alcanzar cambios básicos, poner nuestro granito de arena y dejar de hacer suposiciones de lo que pasará mañana*
e student's own words

¡Pon tu granito de arena!

Grammar focus

♦ The imperative

Skills focus

♦ Talking and writing about recycling
♦ Reading for comprehension
♦ Expressing opinions and giving reasons
♦ Using the imperative to express commands

Key language

♦ *basura; concienciar; concienciación ecológica; enfoque*
♦ *reciclar; reutilizar; reducir; vertedero*

Resources

♦ Students' Book pages 50–51
♦ CD 1, tracks 29 and 30

1a Students look at the photo and discuss with a partner what they see. They use the questions given as a guide.

1b Students listen to the article being read and answer the questions which follow.

P 50, actividad 1b

"Gente basura" llega a Cataluña.

El pasado mes de junio, la Plaza Real de Barcelona vió el despliegue de un "ejército" de 350 esculturas humanas hechas nada más y nada menos que con basura. Es obra de HA Schult, un artista alemán que pionero entre los artistas medioambientales; Schult lleva décadas buscando concienciar a los ciudadanos sobre el reciclaje y el derroche. Su exhibición "Trash People" ha posado en lugares tan emblemáticos como las pirámides de Gizeh, la Gran Muralla China, la Plaza Roja de Moscú, el cementerio de residuos nucleares de Gorleben en Alemania, el Gran Arco de La Defensa en París y la plaza Popolo en Roma y después de Barcelona se dirigí a la ciudad de Nueva York.

HA Schult reclama que los "Trash People" son nuestro reflejo en una sociedad consumista donde, según él; "producimos basura y nos convertimos en basura".

Answers:

1 *350 esculturas humanas;*
2 *están hechas de basura;*
3 *concienciar los ciudadanos sobre el reciclaje y el derroche;*
4 *la conscienciación ecológica del público*
5 *porque producimos basura y nos covertimos en basura*

1c Students debate among themselves whether they agree with Schult that the amount of rubbish we produce in our society is a problem. They consider whether they think his approach is 'effective', 'practical' 'green' etc.?

Gramática

The imperative – formation and use

♦ Remind the students that the imperative is used for commands. Make sure they can recognise the imperative structure in English sentences, especially the 'Let's ...' construction. What punctuation mark in both English and Spanish might indicate an imperative?
♦ Present the formation of the imperative. Make sure that students notice the difference between the second person (tú / vosotros) positive forms, and the other forms which coincide with the subjunctive. They need to be reminded that all negative commands, including second person (tú / vosotros) negative commands, use the subjunctive form.

A   Ask students to work out the imperatives for the verbs and persons given. Remind them to to watch out for:

♦ spelling changes i.e. $c \rightarrow qu$ *to<u>c</u>ar → ¡no to<u>que</u>s!*
♦ radical-changing verbs i.e. *v<u>o</u>lver → ¡v<u>ue</u>lve!*
♦ irregular verbs i.e. *poner, ser, tener…* etc.
♦ object pronouns .i.e. *¡Trá<u>emelo</u>! → ¡<u>No me</u> lo traigas!*

Answers:

1 *¡Tira!*	2 *¡No desperdiciéis!*
3 *¡Utilicemos!*	4 *¡No destru<u>ya</u>!*
5 *¡Redu<u>zc</u>an!*	6 *¡No pongas!*
7 *¡Res<u>uel</u>van!*	8 *¡Seamos!*

B   Students translate the sentences.

Answers:

1 *¡Recicla papel!*
2 *¡Utilicemos menos agua!*
3 *¡Aprovechen el uso de recursos!*

4 *¡No tiréis las latas!*

5 *¡Seleccione su basura!*

6 *¡Seamos concientes!*

C Students read the advertisement 'Separar para reciclar' and make a list of the verbs in the imperative mood.

Answers:

deposita;   *no introduzcas;*   *mete;*
asegúrate;   *colabora;*   *consulta.*

2 Students read the recycling notice and answer the questions orally, using the vocabulary from the reading material.

 3a Students listen to the housewife and make a note of three of her complaints and three of her queries.

 3b Students listen again and discuss the housewife's views using the themes provided as a guide.

P 51, actividades 3a y 3b

Hace ya mucho tiempo que escuchamos esto de reciclar. ¡Reciclar, reutilizar, reducir!¡ Reciclar, reutilizar, reducir! Al principio no hacíamos demasiado caso, pero la gente está cada vez mas concienciada con el problema. Bueno, sólo tienes que fijarte en las rarezas del tiempo para darte cuenta de que algo no anda bien.

Lo que me parece increíble es las pocas facilidades que nos dan, porque si yo tengo que meter 3 cubos de basura en mi cocina, ya no puedo entrar yo. Además, ¿soy yo la única que tiene ciertas dudas sobre el lugar donde se deben depositar ciertas cosas?

Por ejemplo: ¿dónde tiro los cordones de un zapato? El palo de un chupa-chups va al contenedor amarillo, ¿si? Ok. ¿Pero, si es un chupa-chups Koyak que tiene el palo de papel, tiene que ir al azul? Bueno, y cuando te cortas las uñas … ¿hay que tirarlas en diferentes sitios depediendo de si estan pintadas o no?

Ayer me enteré que algunos cartones de pizza no se pueden tirar al contenedor azul porque tienen restos organicos ¿sabían eso? Pues ya lo saben. Es tan complicado que a uno se le quitan las ganas de hacerlo bien.

Pero, aun así, somos muchos los que intentamos hacer las cosas bien, ¡no desistan! ¡Nuestros bisnietos lo agradecerán!

---

4 Students read the question that has been posted on an Internet site and write a reply. They should include: an introduction; reasons for and against; examples; and a conclusion, using the introductory phrases given.

Transporte razonable

Grammar focus

♦ The present subjunctive

Skills focus

♦ Talking about different forms of transport from an ecological viewpoint
♦ Listening for gist and detail
♦ Writing a formal letter, expressing opinions

Key language

hacer trasbordo; los vehículos pesados; carril especial; circunvalación; camiones de carga; aparcamientos
desmontes de terreno; descomunal consumo energético; degradación paisajísitica; altas vallas

Resources

♦ Students' Book pages 52–53
♦ CD 1, tracks 31 and 32

1a Students write down answers to the questions. Then they compare their answers.

 2a Students listen to the discussion between a husband and his wife and make a note of their complaints about the traffic and types of transport.

 2b Students listen again. This time they make a note of what proposals the couple put forward to alleviate the problems noted in Exercise 2a. Ask them to consider whether they agree and to explain why.

P 52, actividades 2a y 2b

– Ya no aguanto más – ¡hoy el tráfico está imposible!   *to wait for*

– ¿Qué es lo que te ha puesto nerviosa, mi vida?

– Todo. Primero se me avería el coche y no me pueden dar uno de reemplazo, como es lógico, así que he tenido que coger transporte público.

– ¿Y tan terrible es eso? La mayoría de la gente lo usa a diario.

– Precisamente. Ayer en el metro parecíamos sardinas enlatadas y los niños casi no podían ni respirar.

– Así es por la mañana en hora punta.

– Pues deberían poner coches especiales para la gente que viaja con niños.

– Yo creo que no – sería demasiado costoso. ¿Por qué no cogiste el tren de cercanías hasta el centro y ...

– Porque es aún peor, es imposible acomodarse con el cochecito del bebé y menos mal que ahora está prohibido fumar que si no ...

– Bueno, bueno, seguro que no hay para tanto.

– Vale, pero tú no tienes ni idea. Esta mañana probé el autobús pero como no hay un servicio directo tuve que hacer trasbordo en dos ocasiones – mientras tanto tú vas en coche a la oficina sin problema alguno...

– Al contrario, me paso horas parado delante de semáforos en rojo o en atascos con los nervios a flor de piel y rodeado de contaminación que congestiona mis pulmones. No sé por qué no ponen un tramo especial para coches que llevan a varias personas.

– Tú crees que la gente lo respetaría – ¡Tú vas solo! No, para mí deberían insistir en que los vehículos pesados fueran por un carril especial. Además, deberían coger la circunvalación y se les debería prohibir que pasaran por el centro de la ciudad.

– Uf – difícil – pero por lo menos podrían construir aparcamientos especiales para que los camiones de carga entreguen su mercancía a los vehículos que la reparten.

– No creo que el comercio apoye tus ideas. Además no queremos más aparcamientos subterráneos y no caben más en el entorno...

– En fin – mañana voy a coger un taxi.

– ¡Qué va! Sería otro coche en el sistema que es lo que quieres evitar ...

– Entonces ¿qué solución propones? ¿Qué nos levantemos todos a las cinco de la mañana para ir en un solo coche?

– Imposible, mi amor, porque ...

3a In pairs, students discuss how transport and pollution affect their own surroundings.

3b In pairs, students discuss and plan the ideal transport system. They prepare a presentation in

which they explain the real problems and put forward solutions. Introductory phrases are given as pointers.

Gramática

The present subjunctive – formation and use

♦ Remind students of the many types of expression that require a subjunctive in Spanish. Make sure they understand what value judgements are. Point out that the subjunctive usually occurs in a dependent clause (a clause that comes after a main verb) and is often introduced by *que* in Spanish or 'that' in English. *Me sorprende que recibas* ... / I am surprised that you would receive … .The students could identify the sorts of expression indicated by the introductory phrases given in Exercises A and 4a.

♦ Present the formation of the present subjunctive.

A The students write complete sentences to accompany the road signs. They should use the introductory phrases provided followed by a verb in the subjunctive.

4a Group work. Students read the magazine article '¿Sabías que …?' about pollution and transport, and discuss their reactions. Introductory phrases are provided to assist the discussion.

4b Role play. It is obvious that the young people in the photograph are not very aware of the impact of their behaviour on the environment. Students present arguments using the information in the '¿Sabías que …?' article to try and increase their awareness. Ask the students why they will need to use the subjunctive.

5a Students make a list of the advantages and disadvantages of travelling by train and aeroplane.

5b Students read the article 'De Madrid a cualquier parte' and answer the question.

 6a Students listen to the report on the AVE (high-speed train) and answer the questions.

 6b Students listen again and make a note of the disadvantages which are mentioned.

P 53, actividades 6a y 6b

El AVE ya conecta la capital española con Andalucía y Cataluña y próximamente alcanzará la frontera francesa y extenderá su infraestructura a otros destinos populares como Valencia, Málaga y Valladolid. Cabe preguntarse si el AVE es la mejor manera de alcanzar estos lugares puesto que obliga a la realización de gigantescas obras.

Y es que para alanzar sin incidencias nada más y nada menos que 350 kms/hora, hacen falta curvas muy amplias y pendientes muy reducidas lo que supone altísimos viaductos y grandes desmontes de terreno que aumentan los procesos erosivos.

Además del incremento del ruido y su descomunal consumo energético – 64 veces mayor que el de un tren que viaje a 100 kms por hora – el AVE ocasiona una gran degradación paisajística y la fragmentación de ecosistemas, al dificultas el tránsito de animales, personas y vehículos debido a las altas vallas en todo su recorrido.

Así es que les dejo con una pregunta: ¿cuánto más rápido mejor? ¿están seguros?

Answers:

1 *Andalucía y Cataluña*
2 *350 kms/hora*
3 *64 veces mayor que el de un tren que viaje a 100 kms por hora*

Desventajas: necesitan construcción de viaductos y desmontes de terreno que aumentan la erosión; una gran degradación paisajística y la fragmentación de ecosistemas, al dificultar el tránsito de animales, personas y vehículos debido a las altas vallas en todo su recorrido.

7 Students imagine that they are a landowner through whose estate the AVE will run. They write a letter to the director of RENFE (Spanish railways) presenting their concerns. Remind them how to open and close a letter; ensure they have identified from the opening phrases given what sort of information they should include.

Un mundo sostenible

Skills focus

♦ Reading and listening for detail
♦ Discussing the issue of population and sustainability
♦ Using context as guide when reading

Key language

♦ *crecimiento demográfico; envejecimiento de la población; los dueños del mundo; la huella ecológica*

♦ *a mi parecer, a mi modo de ver las cosas* and other similar expressions

Resources

♦ Students' Book pages 54–55
♦ CD 1, tracks 33 and 34
♦ Copymaster 22

1 Students read the quotations from the three eco-poets and answer the questions.

2 Students listen to the eco (green) report and make a note of the country/region, the problem and any other information mentioned in each section of the report.

P 54, actividad 2

Resumen periódico de asuntos medioambientales
1 De los estimados 14 millones de especies del planeta la más destructiva es la especie humana, sin lugar a dudas. Nos enorgullece el hecho de haber logrado proteger a los elefantes en Africa, por ejemplo, y es cierto que crecen en número, pero desgraciadamente solemos eliminar más de lo que conservamos. Cosa absurda cuando se piensa que seguimos destruyendo la verdadera base de nuestro sustento.
2 Los países más ricos del mundo como Estados Unidos, Canadá, los países de la Unión Europea y Japón son los que explotan los recursos naturales de manera más intensiva e indiscriminadamente. Por más que firmen acuerdos – y EEUU, por ejemplo, se oponen abiertamente a firmarlos – estos países siguen comportándose como si fueran los dueños del mundo, sin pensar en el legado que dejarán a las futuras generaciones.
3 La destrucción masiva por la contaminación es más notable en los grandes lagos, como el mar Aral en Asia central (Rusia). Además en la década de los sesenta, los planificadores soviéticos desviaron las aguas de los ríos que lo alimentaban para regar los cultivos de algodón. Ya ha retrocedido tanto que parece un parche de barro.
4 La caoba del Amazonas representa una de las especies de árboles más amenazadas y el enorme área donde han sido taladas es alarmante. La selva del Amazonas es conocida como el pulmón del mundo. La tale de árboles altos y grandes no sólo altera el equilibrio de las especies de la selva sino que además causa desertificación y erosión de la tierra.

> **5** Se está perdiendo la batalla para salvar al tigre siberiano. Sólo quedan unos 250 ejemplares pero su hábitat natural de la selva en la región de Amur en Siberia ya está amenazado por el hombre que ha talado tantos árboles que los animales como el jabalí y el ciervo, sus platos preferidos, ya no sobreviven.

3a Students read the magazine article on world population and answer the questions.

3b Students debate among themselves their replies to the questions in Exercise 3a, using the introductory phrases given.

4 Students read the article on Cuba and then complete the continuation of the text using the most suitable word from the list given. They should justify their choice on each occasion.

Answers:

1 *cada*	**2** *estado*
3 *fórmula*	**4** *condición*
5 *delantera*	**6** *haber*
7 *calidad*	**8** *consigan*

5a Students read the definition of sustainable development and then explain in their own words what the term means.

5b Students consider and make a note of how we endanger the capacity of future generations to meet their needs. Then they discuss their answers in groups. Draw the students' attention to the themes listed in Exercise 1a on page 15, as a guide to their thinking.

6 Students listen to the interview with Jorge Salazaval who volunteers with the NGO (non-governmental organisation) Young Greens and take notes on the themes listed.

P 55, actividades 6a y 6b

– Hoy tenemos con nosotros a Jorge Salazaval, un voluntario de la organización Jóvenes Verdes. Bienvenido Jorge, cuéntanos ¿qué es Jóvenes Verdes?

– Hola, buenas tardes. Bueno, Jóvenes verdes es una asociación juvenil ecologista formada por jovenes españoles. Por el momento somos 30 voluntarios y tenemos alrededor de 150 socios. Estamos basados en Alicante y desde nuestra condición autónoma e independiente – como sabes somos una ONG – defendemos la ecología política y social.

– Muy bien, y ¿qué terreno os interesa más?

– En estos momentos la mayoría de nuestro trabajo está destinado a la protección del medio ambiente, la justicia social y los derechos humanos. Por ejemplo yo ahora estoy muy involucrado en un proyecto llamado "sin bosques no hay futuro" y tengo un interés personal en "¿Sabes lo que comes?" pero tengo compañeros que están trabajando en proyectos relacionados con el cambio climático o la destruccion del litoral.

– ¿De dónde procede el dinero para financiar estos proyectos?

– Bueno, aunque no tenemos ninguna relación con ningún partido político, recibimos algunas subvenciones que poco más o menos suman el 20% del total. Nuestra base de socios financia el 25% y las donaciones son siempre bien recibidas aunque por el momento solo suben al 15%. El resto del dinero, hasta un 40%, procede de fondos y actividades europeas tal como el FYEG – la fundación de jóvenes europeos verdes.

– Parece un poco complicado.

– Un poco. Pero todos debemos poner nuestro granito para concienciarnos y concienciar a los demás. Nuestro planeta está en peligro. ¿no?

– Sí, por supuesto.

– ¿Qué hacéis con el dinero que ingresáis?

– Un 20% del dinero se gasta en administración y mantenimiento de la agrupación y el resto se divide a partes iguales entre campañas europeas y actividades estatales para proyectos como los que he mencionado.

– Ya veo. Muchas gracias por tu contribución a nuestro programa Jorge.

– Gracias a vosotros y … recordad.. El futuro sostenible está en manos de todos, ¡tened en cuenta vuestro planeta en vuestro día a día!

7a Students read the article on climate change. They identify its main message and objective.

7b Group work: Students consider the five ways mentioned in the article of contributing to a sustainable lifestyle and prepare a presentation to persuade their classmates of their views.

¡Atención, examen!

Grammar focus

♦ Verbs + infinitive
♦ Verbs + preposition + infintive

Skills focus

♦ Listening skills

Resources

♦ Students' Book pages 56–57
♦ Copymaster 25

Gramática

Verbs + infinitive

Direct students to the material in the Students' Book and Grammar Workbook.
Introduce students to the common use of the infinitive after a main verb.

A Ask students to study the list of verbs, which can be followed directly by the inifitive. They should use a dictionary to check the meaning if they are not familiar with the word. Students then write sentences containing the verbs in the list followed by an inifinitive.

Verbs + preposition and verbs + preposition + infinitive

Direct students to the material in the Students' Book and Grammar Workbook.

Remind students that some verbs in Spanish are always followed by a preposition (*a, con, de*). Sometimes the word that follows is a noun, sometimes a verb in the infinitive and sometiimes both. Some of these verbs are listed by preposition to aid memorisation. Assure students that listening for the prepositions after verbs, reading and practising these verbs will help them remember the prepositions.

They should be warned that *a* after a verb that takes a preposition is not the same as the *a* required before all pronouns that follow a verb.

B Ask students to match the English meanings to the list of verb + preposition or verb + preposition + infinitive.

Answers:

1 *dar con*	2 *acostumbrarse a*
3 *convertirse en*	4 *oponerse a*
5 *quejarse de*	6 *negarse a*
7 *abusar de*	8 *confiar en*
9 *empeñarse de*	10 *acabar con*
11 *dejar de*	12 *ocuparse de*
13 *limitarse a*	14 *llegar a*
15 *asombrarse de*	16 *consistir en*
17 *pasar a*	18 *soñar con*

19 *aspirar a*	20 *romper a*
21 *comenzar a*	22 *molestarse en*
23 *volver a*	24 *decidirse a*
25 *arriesgarse a*	26 *tratar de*

C Students read the text and identify where there are missing prepositions. They add the relevant prepositions. They should find ten.

Answer:

Todos deberíamos comenzar **a** tomarnos el tema del medioambiente con más seriedad. No podemos aspirar **a** un mundo mejor si nos empeñamos **en** abusar **de** los recursos disponibles. Nuestra responsabilidad individual consiste **en** hacer aquello que está al alcance de nuestra mano como el molestarnos **en** reciclar, empeñarnos **en** utilizar medios de transporte más ecológicos y acostumbrarnos **a** apagar luces, teles, ordenadores y lo demás cuando no los usamos. Nuestros descendientes merecen vivir **en** un mundo mejor que el dejaremos si no nos molestamos **en** cambiar las cosas.

Técnica

The verb 'tener'

Introduce students to the four different uses of the verb *tener*:
possession; idiomatic expressions (including age); obligation.

1 Students read the letter to world leaders and identify which sort of use of *tener* is being made in each of the expressions in bold in the text. They write an English translation of each phrase.

Answers:

obligation: *will have to live*
idiomatic use: *to take into account*
obligation: *has to adjust*
idiomatic use*: to be careful*
idiomatic use*: to be patient*
possession*: to have a voice and a vote*
possession*: to have the money*

Listening Skills

Introduce students to the skills they should use to identify the gist of audio material. Then point out how they should listen for detail.

2 Students listen again to the recording for Exercise 3a on page 51 and note the general ideas. Then listen for detail.

3 Students listen again to the recording for exercise 6 page 55 and practise taking notes using their own abbreviations.

A escoger

Grammar focus

♦ All the unit's grammar points

Skills focus

♦ Reading for comprehension
♦ Synonyms
♦ Writing an extended piece of Spanish

Key language

*los chicles; mascar; nocivo/a; sistemas de
drenaje; grabación; anticuado/a*

Resources

♦ Students' Book page 58
♦ CD 1, track 35
♦ Copymaster 24

1 Students discuss the habit of chewing gum and
its enviromental impact.

2 Students read the article on recycling chewing
gum and answer the questions.

3 Students look in the text for synonyms to the
words in the list.

Answers:

pese a que   una media de
poco más o menos   el líder de producción mundial
son el último grito   contenedores

4 Students listen to the recording of the woman's
views on chewing gum and complete the questions
using phrases from the recording.

P 58, actividad 4

Cuando voy en el metro y me miro a los de mi
alrededor me pregunto ¿somos personas
humanas o vacas rumiantes? Para mi; es un
habito muy feo y no soporto estar en
presencia de cualquiera que esté hablando y
mascando a la vez.

¿Mascan porque quieren o son adictos? No
estoy muy segura pero en cualquier caso lo
considero que es una falta de educación y de
respeto. A lo mejor soy anticuada pues se
que el mascar chicle es algo sumamente
normal entre los jóvenes, pero mi desagrado
hacía esta costumbre repelente aumenta
cada vez que mis hijos vuelven del colegio
con chicle pegado a sus pantalones, al
cabello o dondequiera.

Answers:

1 *vacas rumiantes ... mascan chicle*
2 *esté mascando ... esté hablando*
3 *gusta ... adición*
4 *aumenta ... sus hijos vuelven del colegio con
chicle pegado a sus pantalones, al cabello o
dondequiera*

5 Students write a proposal of 250–400 words
proposing one or other system for recycling gum in
their area. Make sure they understand the
instructions:

to include a brief introduction; explain the problem,
using examples; propose a solution; explain
advantages of the system and write a brief
conclusion.

Unidad 6 Avances científicos, médicos y tecnológicos

Unit objectives

By the end of this unit, students will be able to deal with the following topics:

♦ the pros and cons of technology
♦ medical research and ethical problems
♦ technological advances and the future

Grammar

By the end of this unit, students will be better able to:

– express the future using

♦ the future perfect
♦ the conditional perfect
♦ the subjunctive in temporal clauses requiring future tenses

Skills

By the end of this unit, students will be better able to:

♦ identify the main points when listening and reading
♦ summarise an oral or written text
♦ use different techniques when listening

Key language

el satélite; la carrera espacial; la clonación; el ADN; la nanotecnolgía; las prótesis; los alimentos transgénicos

Resources

♦ Students' Book page 59
♦ CD 2, tracks 1 and 2

 1 Students listen and match each image to a text on the recording.

P 59, actividad 1

1 Fueron inventadas hace 8 siglos por los chinos, no estuvieron de moda hasta los años 60 del siglo XX – ihablamos de las gafas de sol! En 1752 un ingles presentó unas gafas con lentes fabricadas con cristal tintado pero el objetivo fue más para corregir problemas de visión que proteger los ojos de la luz solar.

---

2 Anotado por Aristoteles en 332 antes de Cristo y hecho famoso por el novelista francés Jules Verne con su Nautilus – el primer submarino eléctrico que sirvió para lanzar torpedos fue inventado por el español Isaac Peral, marinero y profesor de fisica y química en la base naval de Cádiz en 1889.

3 50 años en el espacio – el 14 de octubre de 1957 el mundo se despertó con la noticia de que el primer satélite artificial, el SPUTNIK, acababa de ser lanzado por los rusos: era el inicio de la carrera espacial y la exploración del cosmos.

4 El primer robot se llamaba Shakey y nació en 1960. Provisto de una camera de televisión y un microprocesador, estaba preparado para trasladar objetos pesados de un lugar a otro. Sin embargo fue Leonardo da Vinci quien diseñó los primeros planos de una máquina humanoide en 1495.

5 Nació el 5 de Julio de 1996 y su llegada al mundo fue **anunciado** al año siguiente el 22 de febrero de 1997 – se llamaba Dolly. Su nombre refleja el hecho de que fue clonado de unas células mamíferas y sus progenitores pensaron en la cantante Dolly Parton. Desgraciadamente murió a la edad de seis años el 14 de febrero de 2003 lo que pone en pregunta la ética y moral de clonar animales, y con mayor motivo seres humanos.

6 El 6 de agosto de 1945 el futuro del mundo cambió por completo cuando los politicos americanos **decidieron** poner fin a la segunda guerra mundial al lanzar un bomba H sobre Hiroshima seguida por otra sobre Nagasaki el día 9 del mismo mes. Más de dos cientos mil personas – la mayoría civiles – murieron a causa de semejante atrocidad.

Answers:

a 3	b 4	c 1
d 6	e 2	f 5

2a Students study the list of vocabulary and try to guess meanings before looking them up in a dictionary. They should note the difference in spelling from the English equivalent and also the sound of the word.

Answers:

a cloning
b computer/the Internet
c DNA
d nuclear energy, solar energy, wind power
e household robot
f prosthesis
g nanotechnology
h mobile phone
i genetically modified crops
j assisted reproduction
k space exploration / missions

2b Students listen to the opinions and match them to the themes listed in 2a. There will be three themes left over: robots, prothesis and nanotechnology. Encourage students to make up their own opinions for these following the examples from the transcript.

P 59, actividad 2b

1 Estoy cien por cien a favor de **los alimentos transgénicos**; me parece increíble como puede ayudar a resolver el problema del hambre y la salud en el mundo.

2 Lo siento mucho pero te equivocas; eso y lo **del genoma** me da mucho miedo al igual de **la energía nuclear**. No se sabe adonde nos lleva y como va a cambiar los sistemas naturales.

3 ¡Qué inquietante es la falta de censura y control en **Internet**. Como padre de hijos jóvenes me preocupa mucho y no sé cómo ayudarles.

4 ¡Además hay que pensar tener en cuenta cuántas controversias atrae el terna de **la clonación**! Eso sí es muy peligroso en mi opinión.

5 No creo que sea tan nocivo como lo pintan. Nadie se va a poner a clonar super seres humanos – eso es cosa de la ciencia ficción – lo mismo que **las misiones espaciales**.

6 Pues no creas – según los científicos todo es posible ahora que saben identificarte **por el ADN** – ya no hay nada que no pueden hacer y creo que es bastante emocionante.

7 Pues yo también creo que es sensacional todo este progreso. No hay lugar a dudas que **mi móvil** es mi mejor amigo – ¡siempre lo llevo pegado a mí!

8 ¿Siempre sois tan bromistas y no tomáis nada en serio?. Todas estas nuevas tecnologías merecen una evaluación imparcial – esto es la clave, desde mi punto de vista, sobre todo con temas como **la reproducción asistida**.

Answers:

in **bold** in transcript

Las nuevas tecnologías

Grammar focus

♦ Different ways to refer to the future
♦ *hace tiempo*

Skills focus

♦ Reading and listening for gist / detail

Key language

alcanzar; una velocidad; el artilugio; la hélice; puntero/a; ingenioso/a; dispositivo; una sonda; el portal; un hallazgo; accesible; respaldar; una herramienta; volcar

Resources

♦ Students' Book pages 60–61
♦ CD 2, track 3
♦ Copymaster 27

1a Students read the descriptions and match them to the relevant topic.

Answers:

1 c   2 d   3 a   4 e   5 b

1b Work in pairs. Students classify the inventions from the most useful to the most useless. They compare their list with a partner.

1c Students use a dictionary to find synonyms for the listed words.

Sample answers:

unas preguntas / interrogativas; imprescindible / esencial; artilugio / aparato, truco, diviso, dispositivo; sustancias / elementos, materias; escondidas / ocultadas, bajo tierra; impide / para, detiene; diseñado / dibujado; controla / comproba, calcula, verifica

Encourage students to start to compile their own lists of useful technological words and terms. They should find different ways to memorise them – mnemonics, cognates, etc.

1d Students complete the sentences based on the texts, with the correct tense of the given verb.

Answers:

1 *vaya*

2 *detecte*

3 *se habrá convertido*

4 *te comprarás*

5 *la hayas hecho*

 2a Students listen to the announcements (a–h) and match them to the themes listed 1–8.

P 61, actividades 2a y 2b

a El futuro es de plástico – la revolución de la tecnología de polímeros cambiará el mundo. Los materiales plásticos son hoy los protagonistas de la investigaciones más punteras en nanotecnología, electrónica, medicina, agricultura y sostenibilidad.

b La teletransportación invento de la ciencia ficción en la película *Star Trek* para trasladar al capitán Kirk y su tripulación de una sonda a otra ya es, hasta cierto punto, una realidad. Unos físicos han logrado "teletransportar" un fotón desde la Palma a Tenerife

c Locas para la ecomoda – la preocupación por la ecología y el medio ambiente llega a las pasarelas. Los fabricantes y diseñadores más glamurosos investigan con tejidos naturales y tintes que no contaminan.

d Nuestro propio banco de órganos – los avances en ingeniería de tejidos permitirán muy pronto cultivar órganos a partir de unas pocas células y conservarlos. ¿Ciencia ficción? En absoluto! Ya han implantado vejigas fabricadas en laboratorios.

e Dosis de acción para tu Wii – la fábula urbana de *No More Heroes* desarrollado exlusivamente para la Wii se centra en las aventuras de un asesino profesional empeñado en ascender en su organización a golpe de katana.

f Un gran ciberpaso en ortopedia – en septiembre del año pasado se estrenó el primer tobillo robótico del mundo. El aparato es distinto de todo lo que existe hasta ahora en cuestión de prótesis porque literalmente impulsa el usuario hacia adelante usando resortes que actúan como tendones.

g Pasión por el espacio – la novela de los Hawking – padre e hija, Stephen y Lucy – no es de ciencia ficción sino que explica conceptos y hechos científicos reales através de una aventura espacial. Su título: *La clave secreta del universo.*

h Dos museos que demuestran y explican el pasado y el futuro tecnológico y científico y al mismo tiempo instruyen a los visitantes – hablamos del Museo de la Ciencia Príncipe Felipe y El Parque Oceanográfico de la Ciudad de las Artes y las Ciencias en Valencia. ¡Con razón son los museos más visitados del país!

Answers:

| 1 *c* | 2 *h* | 3 *g* | 4 *b* |
| 5 *d* | 6 *f* | 7 *e* | 8 *a* |

 2b Students listen a second time and match the opinions 1–8 below to the announcements a–h in the recording for Exercise 2a.

Answers:

| 1 *g* | 2 *h* | 3 *e* | 4 *c* |
| 5 *f* | 6 *d* | 7 *b* | 8 *a* |

3a Students read the text on 'La tecnociencia' and find

a four technical words in English.

Answers:

portal / Internet / web / virtual

b five cognates or near cognates:

Answers:

científico / scientific; *cataloga* / catalogue; *disposición* / disposition; *accesible* / accessible; etc.

c equivalent phrases in Spanish to the English ones listed

Answers:

1 *un punto de encuentro*	2 *no tiene más que*
3 *respaldado por*	4 *apoyo*
5 *una herramienta*	6 *volcar*
7 *sólidos*	8 *a golpe de ratón*

3b Students explain in two or three phrases in English what the word 'tecnociencia' means and how it works and then give their opinion on its usefulness.

Investigaciones y desarrollo

Grammar focus

♦ Numbers
♦ All tenses

Skills focus

- Listening for detail especially numbers
- Discussion of pros and cons
- Weighing up a balanced argument
- Discussing issues comparing past and present
- Writing giving an opinion

Key language

transplantar;   las enfermedades;   aliviar;
aguantar;   los tejidos;   un embrión;   una célula;
los genes;   el genoma;   la energía nuclear;
palmas y pitos

Resources

- Students' Book pages 62–63
- CD 2, tracks 4 and 5
- Copymasters 26, 28

1   Students read the text on cloning and match the paragraphs 1–5 to a relevant statement a–e.

Answers:

a 3   **b** 5   **c** 4   **d** 2   **e** 1

They continue and answer the questions in Spanish.

Answers should include:

2 *los dos métodos son parecidos*
3 *student's own words in English*
4 *para crear células diferenciadas*
5 *usar los tejidos para que el páncreas vuelva a
   crear insulina*
6 *producir un clon humano*

2   Students listen to the information and write the correct date or number relating to each topic.

> P 63, actividad 2
>
> El año 2001 será ya para siempre el del Genoma Humano. El 12 de enero se presentaba simultáneamente en varias ciudades del mundo el resultado de esta inmensa obra científica. Todo se aceleró el 27 de enero de 2001 cuando consiguieron descifrar el primer genoma completo de una planta comestible: el arroz. En tan sólo 365 días los científicos han hecho unos descubrimientos extraordinarios; por ejemplo, en EEUU demostraron que la versión mortal de la bacteria E. Coli tiene 1.400 genes más que la versión inocua. Otro descubrimiento en el desciframiento del genoma es la diferencia genética entre seres humanos y chimpancés – una diferencia del 1,3%. Qué sorpresa, ¿verdad?

Answers:

a 2001   **b** 27.1.01   **c** 365 días
d 1.400   **e** 1,3%

3a   Students listen to the points of view and decide which one mentions each of the points listed a–e.

> P 63, actividad 3a
>
> **1**   Hay mucha gente – yo mismo incluso – que está pidiendo a gritos que vayan más despacio – parece que la tecnología está avanzando a galope y nosotros los seres "normales" no podemos alcanzarla – o justo cuando comprendemos el último avance ya pronuncian otro aun más increíble. Me siento agobiado con tantos hallazgos y lo que más me inquieta es que nadie quiere controlar a nadie.¿ Dónde está la policía intelectual, moral o política? Aguanta la burra digo yo y no corre tanta prisa.
>
> **2**   Apoyo al cien por cien a las nuevas tecnologías con tal de que sean útiles, prácticas y nada nocivas para la gente. Por eso me parece que los robots, sean grandes o microscópicos, pueden reparar cosas, construir estructuras o hacer cirugías; los robots deben ser capaces de alcanzar lugares que son demasiado calientes, fríos, peligroso, pequeños o remotos para las personas. Hoy por hoy se han desarrollado robots con una velocidad biónica.
>
> **3**   ¡Caramba! ¡como es de ingenua la gente cuando solo miran una cara de la moneda! Hay que despertarse de este sueño irreal y no dejar que los científicos nos engatusen con sus palabras suaves de beneficios para la gente pobre. Más pobres vamos a ser todos si no ponemos freno a estos avances en la comida genéticamente modificada. Me da miedo pensar en el futuro y el desastre medioambiental que estamos legando a nuestros hijos. Seamos realistas y enfrentémonos a la caja de Pandora antes de abrirla.
>
> **4**   ¿Quiénes sufren más en una guerra? La gente de la calle que hasta nunca quisieron luchar contra nadie. Entonces me parece increíble que en el futuro se pueda hacer la guerra sin que se mate a gente inocente solo con pulsar tecla de un ordenador. Además me imagino que se podrá disparar sobre el enemigo con mayor precisión y derrumbar los edificios importantes y no las casas de los inocentes.
>
> **5**   No se puede negar que en el gran orden de las cosas el calentamiento del planeta

sea problema más grave que el terrorismo. Tal vez sea una amenaza subestimada porque los últimos indicios nos llevan a pensar que el deterioro puede convertirse en el mayor peligro al que se ha enfrentado la civilización hasta ahora. La tierra está ya tan discapacitada por el insidioso veneno de los gases invernadero que se requiere una solución inmediata. Por eso digo que la energía nuclear es la única solución ecológica de que disponemos ahora mismo y debemos usar todas las fuentes de la tecnología para engancharla a salvar el planeta.

Answers:

a 3   **b** 4   **c** 1   **d** 2

3b Students identify the opinion and theme of the last item on the recording.

Answer should include:

– *la energía nuclear – única solución para salvar el planeta*

3c Students read the opinions a–i and match them to the topics just listened to.

Answers:

a 1   **b** 1   **c** 1   **d** 1   **e** 2
f 2   **g** 3   **h** 3   **i** 4

3d Students write a reply to the last point made about guided missiles.

4a Students ask an older person what they recall as the latest inventions in their own day. They write a list. Then they compare this list with recent inventions, using the phrase 'hace ...' as demonstrated in the example.

4b In pairs, students discuss which item on the list is the most and which is the least useful.

5 Working in pairs, students discuss scientific advances and then write five sentences in support of the benefits and five sentences pointing out the dangers. They use the phrases given.

¿Adónde nos lleva?

Grammar focus

♦ Synonyms and antonyms
♦ Language structures
♦ The future

Skills focus

♦ Reading for gist and detail
♦ Vocabulary building
♦ Summary writing
♦ Listening for detail

Key language

minúscula; la amenaza; potente; atropellar; un marca pasos; mutagénico; nanopartículas; afrontar

Resources

♦ Students' Book pages 64–65
♦ CD 2, tracks 6 and 7

1a Students read the text on nanotechnology and indicate the five correct statements.

Answers:

a   **b**   **e**   **f**   **h**

1b Students then correct the false ones.

Answers should include:

c *son invisibles al ojo humano*
d *sirve para multos avances*
g *las nuevas cremas y lociones con nanopartículares son muy potentes*
i *puede destruir el medio ambiente al mismo tiempo que se supone mejorar nuestros alimentos*
j *ni conocemos ni podemos imaginar muchos de los peligros*

1c Students find synonyms and antonyms for the words listed.

Answers:

poderosos / potentes;   significantes / notables; corresponde a / significa;   exactitud / precisión; rebosan / abundan

anheladas / indeseadas;   repele / absorbe; prohibe / permite;   construir / destruir; empeorar / mejorar;   huyamos de / afrontemos;

1d Students then write a summary of what they have learned about nanotechnology, including the points given as prompts.

 2a Students listen to the points of view and correct the sentences which follow. They should indicate which is the incorrect word and supply a correct one in its place.

P 65, actividad 2a

1   Hay que preguntarse si los peligros
    sobrepesan los beneficios en cuanto a
    todos estos avances tecnológicos.
    Siempre somos algo desconfiado con lo
    que no sabemos ni entendemos bien pero
    me parece que tales beneficios como las
    prótesis para los discapacitados físicos
    tiene que ser un beneficio enorme.
2   Está bien pero lo que más me preocupa a
    mí es la falta de control sobre todo esto –
    en el Internet vemos casos a diario de
    virus que atacan, de mensajes
    pornográficos, de hackers que podrían
    cuasar estragos ¿verdad?
3   Tienes razón pero por eso hay que buscar
    los medios de controlarlo porque una vez
    inventado no hay forma de pretender que
    no exista. También hay otras cosasa
    negativas como la piratería de los DVD y
    de la música que es problemático pero no
    tanto.
4   Mira ahora con los avances en los
    estudios del ADN los criminales se
    detectan con más rapidez y mayor
    eficiencia – y ayuda también a resolver
    enigmas de la historia tal como si las
    reliquias de Colón son las que están en la
    tumba en Sevilla o, más interesante aún,
    establecer que la virus llamada la gripe
    española de 1918 fue activado por el
    contacto con aves pero no partió de
    España.
5   En mi opinión la tecnología que hace
    avanzar las energías alternativas como la
    solar o eólica tiene que ser la más
    importante de todas porque todos
    dependemos demasiado del petróleo que
    pronto se agotará y hay que desarrollar
    nuevas fuentes de energías alternativas.

Answers:

a   *suponen = sobrepesan*
b   *incapacitados= discapacitados*
c   *pregunta = preocupa*
d   *a diurno = a diario*
e   *las medias = los medios*
f   *prender = pretender*
g   *se defectan = se detectan*
h   *archivada = activada*
i   *alternas = alternativas*
j   *desayunar = desarrollar*

2b They then decide whether each of the sentences
a–j is a benefit (*B*) or a danger (*P*).

Possible answers:

a *P*	b *B*	c *P*	d *P*
e *P*	f *B*	g *B*	h *B*
i *B*	j *B*		

3a Work in pairs. Using the categories given,
students discuss ways in which technology has
revolutionised their lives and the way they spend
their leisure time. They then add any further
examples of their own.

3b Students listen and note down five ways in
which the life of each of the speakers has been
affected by technology.

3c Students write two short paragraphs in Spanish
in answer to the questions.

P 65, actividad 3b

1
Bueno pues yo sí he visto muchos cambios en
mi larga vida. Primero, que todo hemos
cambiado de **siglo, hemos pasado del siglo
veinte al veintiuno** – ¿que te parece? Lo que
más me ha sorprendido fue cuando **el hombre
caminó sobre la luna**; pero lo que me dio más
miedo fue lo de **la bomba atómica**. Imagínate
que hace poco me dieron **una cadera artificial**
y ya puedo caminar sin bastón. Y en casa lo
que más me fascina es la facilidad de **una
lavadora de platos** que no sea yo!

2
En mi oficina todo funciona a fuerza de la
tecnología – y cuando **los ordenadores** dejan
de funcionar ¡todo se vuelve desordenado y
caótico!

Si necesito hacer una llamada a larga distancia
no importa porque ya no cuesta como antes y
además si lo hago **por SKYPE** no pago nada y
hasta peudo ver a la persona con la que hablo.
Mi mujer se mantiene en contacto conmigo a
toda hora con **su móvil o por Internet** cuando
esté de viaje con su trabajo, y mis hijos en la
Universidad me **mandan mensajes SMS**
cuando les apetece. El mundo se ha reducido
en cuanto al contacto humano y me parece
increíble.

3
Pues según mis padres yo no tengo la menor
idea de cómo sumar, restar, multiplicar, ni
dividir porque todo lo hago **con mi
calculadora**. ¡Las matemáticas se han
cambiado por completo! Cuando hago mis
deberes no tengo que pasar horas leyendo
enciclopedias porque **todo lo tengo al**

alcance de la mano en Google o uno de los tantos buscadores que ya existen para la ayuda instantánea. Además no tengo que preocuparme de **la ortografía** porque el ordenador lo hace por mí y **escribe todo claramente,** de modo que presento ensayos legibles y limpios de borrones.

Answers:

in **bold** in transcript

4a Students read the text 'Ratones a la conquista del Planeta Rojo' and put the main points in order, then they add a relevant detail from the given list.

Answers:

Punto clave	Detalles
la misión	*adaptarse a la gravedad de Marte*
ratones	*quince / monitorizados*
el biosatélite	*a 400 km de la Tierra*
2010	*Cabo Cañaveral*
Australia	*viajeros recuperados*
primeros astronautos	*retos físicos*

4b Students look for equivalent words or phrases for each of the main points.

Answers:

la misión / el proyecto, las expediciones; valiosa fuente de información / una magnífica plataforma de entrenamiento; ratones / mamíferos, viajeros; el biosatélite / el satélite, la sonda; retos físicos / osteoporosis o degradación muscular

4c They then use the main points they have listed to write a summary of about 90 words.

5 Students write an imaginative essay of 240–270 words describing a day at school or at work in the year 2050.

¡Atención, examen!

Grammar focus

♦ The future perfect and conditional perfect
♦ The subjunctive in temporal clauses referring to the future
♦ Different ways of referring to the future

Skills focus

♦ Listening, reading and summarising

Resources

♦ Students' Book page 66–67
♦ CD 2, track 8
♦ Copymasters 29, 30

Gramática

The future perfect and conditional perfect

Students study the two examples of the future perfect and conditional perfect and explain how they are formed.

A They write two more examples of their own to help them remember.

Remind students of the use of these tenses to express supposition.

B Students translate the examples and then write two more of their own in English which they hand to a partner to translate into Spanish.

Answers:

1 I suppose he will have arrived on time.
2 I imagine that he would have eaten before going out.

Subjunctive of futurity in temporal clauses

Remind students that the subjunctive is used in all temporal clauses referring to the future.

C Students translate the sentences into English. They refer to time zones and time differences.

1 When you have eaten breakfast, I will have had my lunch.
2 When you finish eating, I will already have left home.
3 Just as soon as you arrive home, I will have gone to bed.
4 As soon as you go to bed, I will have woken up.

D Students continue this idea and write more examples of their own.

E Students study the examples and explain the difference.

1 I always put the alarm on when I go out. When you go out, don't forget to put the alarm on.
2 As soon as he got home I told him what had happened. As soon as you get home, tell him what has happened.
3 I always wait until the alarm clock has gone off. Wait for me here until the alarm clock goes off.

F   Students write examples of their own to illustrate ways of expressing the future.

Técnica

Listening, reading and summarising

Identifying the main point

Students read the advice about identifying the main points when listening and reading. Make sure they notice that they start by analysing the questions before they read the text.

1   Students read the text about nuclear energy and link the questions to the relevant sections. They should pay attention to the use of tenses and to word order.

Making a summary

Students read the advice and complete the tasks.

2   Students listen to the interview as many times as they need to (making sure they are aware of what their exam board allows them to do) and follow the steps a–e to help them summarise the text.

P 67, actividad 2

1
¿Cuál es el aspecto que más le gusta de su trabajo aquí?

Eso es difícil precisar porque todo lo que se hace aquí es súmamente importante, pero lo que va a ser más duradero es la escuela de excelencia que estamos tratando de establecer aquí para la formación de médicos y científicos africanos que pueden continuar el trabajo que hemos comenzado para combatir y controlar la malaria.

¿Cómo selecciona a los estudiantes para su programa?

Bien, pues, con la ayuda del Ministerio de Salud de Mozambique, elegimos a los mejores alumnos que salen de la facultad de medicina de Maputo y les sometemos a un programa de siete años de duración que consiste en trabajo práctico aquí en Mahiça, un master en el London School of Hygiene and Tropical Medicine y el doctorado en la Universidad de Barcelona. Eso es lo que hicimos mi mujer y yo y ya tenemos al primer graduado trabajando como director del Proyecto Nacional de Control de la Malaria.

¡Fenomenal! ¿qué hacen los graduados durante su trabajo práctico aquí?

Pues Eusebio Macete lleva solo tres años pero es tan competente en su trabajo que cuando me toca estar ausente, él, se queda encargado del programa. Pregúntale a él.

2
¿Eusebio, qué tal le pareció al principio trabajar aquí?

En una palabra – orgulloso. Es un privilegio estar parte de este gran equipo. Difícil al principio, algo así como incorporarse al Real Madrid, pero que va, te mojas y te capacitan tan bien que al poco tiempo ¡sientes que estás nadando y bien!

¿No fue un golpe duro vivir aquí después de haber vivido en una ciudad?

No, en absoluto. Siendo yo de una familia grande y muy pobre tuve mucha suerte de poder estudiar en Cuba. Conozco a fondo la vida rural y el hecho de que estemos iniciando algo que sera de enorme valor para el país y de que seamos pocos, demos el máximo. Es mucho más que una carrera: es una misión.

3
¿Y los otros trabajadores aquí, qué aportan a la misión?

Cada uno tiene su especialización médica pero lo que más aportan es un idealismo práctico con una buena dosis de realismo. Sin esto no se sobrevivirían el sacrificio que supone trabajar jornadas tan largas.

¿Cómo sigue el programa de ensayos de la vacuna?

Está en manos de Caterina Guinovart, una joven médica de 27 años, y Quique Bassat de 28 años. Estos dos jóvenes son admirables tanto por su organización, su profesionalismo y su filantropía.

¿Cuántas personas están participando en el programa?

Ha involucrado a unos 2.000 niños y en todo momento la eficiencia, la rapidez y la manera tan éticamente correcta con la que trabajan bajo normas científicas tan rigurosas es asombrosa.

---

3   Students then use their notes from the listening task to write a summary of about 100 words which should contain the points listed.

A escoger

Grammar focus

♦ Most grammar points from the unit

Skills focus

♦ Listening for general idea; then listeing for detail
♦ Reading a text in English and explaining it in Spanish (transferring language)
♦ Reading for detail
♦ Writing based on a reading text

Key language

el agua potable;   los gérmenes;   los delitos;
piroforense;   novedoso;   las cicatrices;
reutilizable

Resources

♦ Students' Book page 68
♦ CD 2, track 9

1a Students listen to the information and decide if they are useful, useless or boring ideas.

P 68, actividad 1a

1 Los ecoforenses contra los ecodelincuentes

Los avances de la ciencia forense en disciplinas como la genética o la microscopía están demostrando la utilidad de sus técnicas en la investigación de delitos medioambientales. Gracias a los microscopios de barrido electrónico o los analizadores de ADN, el Laboratorio Criminalístico de Medio Ambiente de Madrid está ayudando a la Guardia Civil a atrapar a los "ecodelincuentes": traficantes de especies, expoliadores de nidos de halcón o águila, etc. Los delitos más frecuentes son los de contaminación, aunque el trabajo de los "piroforenses" también está muy solicitado: reconstruyen el incendio y localizan su inicio, paso previo para llegar al culpable.

2 El esparadrapo inteligente

Un novedoso producto que consigue reducir las cicatrices en un 95% de los casos. Aplicables también sobre marcas antiguas, estos apósitos hidroactivos producen un aumento de temperatura en la zona que estimula las enzimas responsables de la regeneración cutánea. Los efectos del tratamiento son visibles desde la cuarta semana de aplicación.

---

3 Agua rica y sin gérmenes

El primer purificador de agua portátil, eficaz en un 99,9% de los casos, se llama MIOX. Basa su funcionamiento en el proceso de electrolisis y en tecnología oxidante compuesta. Es un purificador reutilizable, económico y prácticamente infalible que neutraliza cualquier agente patógeno del agua. Utiliza sal, agua y baterías para crear una solución química que destruye los microorganismos. En 15 minutos purifica hasta 4 litros de agua. Cuesta aproximadamente 139 euros. Información adicional en www.msrcorp.com.

4 La silla que camina

Tras haber estudiado durante 35 años la locomoción de los **robots** bípedos, un grupo de ingenieros japonenses ha diseñado una "silla con piernas" que podría revolucionar la calidad de vida de las personas que no poseen extremidades inferiores. Funciona con baterías eléctricas y camina mediante unos cilindros hidráulicos que simulan los movimientos de las piernas. De esta forma pueden franquear obstáculos sin ayuda de terceros.

5 Los sueños más deseados

Recomendado para adultos mayores de 20 años, este aparato cuenta con un sistema de luces, grabadora de voz, dispensador de fragancias, panel para imágenes, una selección de música ambiental, dos altavoces y un reloj despertador. A pesar de que los sueños no pueden controlarse, ciertos estímulos externos ayudan a tener un descanso agradable e incluso más personalizado. Si pretende soñar con volar, por ejemplo, podría programarse una foto de pájaros, un olor y una música relacionada para que experimente sueños placenteros.

1b In pairs they discuss their answers and reasons for them.

1c They decide which piece of information (1–5) matches the ideas a–i.

Answers:

a 3;	b 4;	c 1;	d 1; e 5;
f 2 / 4;	g 3;	h 2;	i 5;

2 Students translate the English text into Spanish and use the questions given to explain in Spanish what the English text is about.

Possible translation:

Habrá un período de tres meses de consulta para averiguar la opinión pública sobre los desarrollos nuevos de la ciencia genética. La perspectiva de bebés diseñados se acerca con rapidez. Todos debemos reflexionar sobre las implicaciones sociales y éticas de un tal paso. La gente tiene que hablar claramente/libremente sobre lo que piensan, considerar todos los asuntos y adelantar sus preocupaciones. Sobre todo debemos preguntarnos si la velocidad del progreso se refleja en las leyes, las normas y los consejos. La pregunta clave es ¿Nos adelantamos demasiado?

3a Students read the text 'El mundo tamaño chip'.

3b They find five cognates for words in the text; synonyms and antonyms for the the words listed.

Answers:

cognates: *realidad* / reality; *tecnología* / technology; *lamentar* / lament; *chips* / chip; *diagnosticar* / diagnose; etc.

synonyms: *el mundo*; *lamentar*; *aparatos*; *también*; *inteligente*

antonyms: *últimos; prevenir; capaz; recordar; anteriores*

3c They find equivalent phrases for the words and expressions listed.

Answers:

en los últimos años; más vale; han salido al Mercado; es capaz de; se han desarrollado; tomando fotos; semanalmente

3d They answer the questions in Spanish basing their answers on the text.

Answers should include:

1 *el cepillo de dientes inteligente – comprobar el nivel de azúcar en la sangre; gafas inteligentes – ayudarnos a recordar; monitor de melanomas – cancer*
2 *detectar enfermedades a tiempo; la prevención a tiempo*

3e Students write about 250 words expressing their opinions on new technologies. They use the questions to guide their thoughts.

Repaso Unidades 5–6

Grammar focus

♦ Mix of tenses
♦ Numbers

Skills focus

♦ Listening for gist and detail
♦ Responding in Spanish to a text in English
♦ Reading for detail
♦ Writing and explanation in Spanish

Key language

el taller; el apodo; cargar; destacar

Resources

♦ Students' Book pages 69–70
♦ CD 2, tracks 10, 11 and 12

1a Ask students to look at the poster. They need to match the labels to the correct figures.

Answers:

1 *d*	**2** *e*	**3** *a*	**4** *g*	**5** *j*	**6** *h*
7 *c*	**8** *i*	**9** *b*	**10** *f*		

1b Students complete the notices using the correct tense of the verb from the following list. Make sure students understand the warning that they may need to use some verbs more than once.

Answers:

a *sustituye*
b *comprueba, estén, evitar*
c *apaga, sean*
d *toma, sea*
e *lava, esté*
f *sobrepases, mantén, conduzcas*
g *programa* (or *instala*)
h *ponte, programa, ponte, programa*
i *toma, instala*
j *apaga, mira*

2a Students discuss with their partners whether they are aware of their carbon footprint and whether they carry out any of the advice in the poster. If not, why not?

2b Students write down any other advice they can think of.

 3a Students listen to the transcript about water conservation. They should note down in Spanish 10 solutions that are proposed.

3b Students explain the ideas using the introductory phrases given. Ask students to think about the sorts of expression these phrases suggest. What grammar point should this remind them of?

 4 Students listen to the report on Monsanto in Spain and answer the questions in their own words. Question 5 revises numbers, percentages and fractions which should be an ongoing revision area as these so often cause students difficulty in exams.

Answers to question 5:

a = *Monsanto presente en España desde 1969;*
b = *años transcurridos durante los cuales los suelos agrícolas han dejado de ser productivos;*
c = *cantidad de tierra no productiva en los últimos 40 años;*
d = *tierra con alto riesgo de erosión*

5 Students listen to the information on the workshop in the twenty-first century as many times as they require and correct false or ambiguous statements. This follows the style of the true, false or not mentioned type of question and requires detailed listening.

P 70, actividad 4

Con unos coches cada vez más sofisticados, los talleres de reparaciones tradicionales se encuentran en una fase de transición crítica. Las herramientas del taller de antaño se están quedando obsoletas como consecuencia del impacto tecnológico y la implementación del ordenador en las reparaciones de automóviles. Los chips están sustituyendo a la llave inglesa y el mecánico deberá cambiar su tradicional mono azul por una bata blanca.

Para algunos, es tan importante saber usar la llave inglesa como manejar el ordenador: la una, para la reparación del vehículo averiado y el otro, para las tareas de diagnóstico y organización. Otros son de la opinión de que el chip es más eficaz y menos costoso. Pero lo que ocurre es que las marcas de coches no quieren compartir la información técnica de sus nuevos modelos. Todo queda en manos de los concesionarios y agencias oficiales, y el automovilista se convierte en rehén de sus antojos.

Además dicen que es mucho más difícil que se averíe el vehículo porque, gracias a la electrónica, está mejor hecho y su diseño más cuidado, pero tiene la desventaja de que resulta más costoso porque los accesorios o recambios que necesita son más caros.

La otra cara de la moneda es que los países en vías de desarrollo se están quedando muy atrás en tecnología porque no disponen de los medios económicos para poder mantener o reparar sus vehículos. En esos países se necesita algo sencillo, robusto y fiable, con bajos costes de mantenimiento; algo de los años setenta que funcione de maravilla y que los mecánicos sepan reparar. Pero los coches de hoy en día no resisten los 45 grados a la sombra de los trópicos ni la humedad de más de 80 grados, así que el chip aún no lo tiene todo. Todavía no es la única respuesta.

Answers:

2 *El ordenador ayuda a diagnosticar los problemas;*
3 *Pronto cambiará su mono azul por una bata blanca;*
4 *Es igual de importante ser un buen mecánico que saber manejar el ordenador;*
6 *no comparten la información;*
9 *los motores parecen irrompibles/son difíciles a romper;*
10 *no tienen con qué/ la tecnología adecuada para mantenerles*

6a Students read the text on 'the worldwide web' first for gist and then for detail and find Spanish equivalents for the English words / phrases 1–5.

Answers:

1 *el apodo;*
2 *la superficie terrestre;*
3 *una vida útil;*
4 *aun más rápidamente que nunca;*
5 *conviene destacar*

6b Students choose a suitable ending from **a–h** to complete the sentences 1–5.

Answers:

1 = c; **2** = f; **3** = h; **4** = a; **5** = g

6c They write suitable opening phrases to complete the remaining three sentences: b, d and e

Sample answers:

b *El apodo de "Internet en el cielo"*
d *La comunicación más rapida que nunca*
e *Las baterías*

Unidad 7 Talento hispano

Unit objectives

By the end of this unit, students will be able to deal with the following topics:

- the lives of Spanish artists
- literature: prizes, authors and genres
- popular theatre, cinema and dance
- the visual arts
- music

Grammar

By the end of this unit, students will be better able to:

- use the passive voice
- use key adjectives and superlatives

Skills

By the end of this unit, students will be better able to:

- efficiently research and plan a written assignment
- translate a text from Spanish into English

Key language

la arquitectura; el baile; el cine; la escultura; la interpretación; la literatura; la pintura; me atrae; me aburre; me apasiona

Resources

- Students' Book page 71
- CD 2, track 13
- Copymasters 31, 32

This page introduces students to key concepts and vocabulary for the unit.

1a Students read the list of Spanish-speaking artists and one of their most famous works. They see how many they can recognise and classify them by the artistic disciplines listed a–h. Instruct the students either to ask you, the teacher, or to search the Internet in order to identify the artists that they do not know.

Answers:

1 *arquitectura*	2 *música*	3 *pintura*
4 *dirección de cine*	5 *baile*	6 *interpretación*
7 *dirección de cine*	8 *literatura*	9 *pintura*
10 *escultura*		

 1b Students listen to the clips about the artists and identify whom they are talking about.

 Answers:

1 Enrique Iglesias	2 Javier Bardem
3 Alejandro Aménabar	4 Antoni Gaudí

1c Students listen again and note down for each: his age or date of birth; a fact about his family; two additional facts.

Possible answers:

1 *el 8 de mayo de 1975; su padre es muy famoso; comenzó su carrera en México y en España su adulación fue considerado con escepticismo*

2 *tiene cerca de 40 años; su familia trabajaba en la cinematografía / vinieron de Las Palmas de Gran Canaria; tenía sólo seis años cuando comenzó su carrera cuando comenzó su carrera y es el primer español que ha recibido un Oscar*

3 *tiene 30 y pico años; su padre es chileno; dirigió su primer cortometraje a sus diecinueve y ha hecho una película de habla inglesa*

4 *nació en los cincuenta; su familia tenía tradición artesanal; no iba a la escuela porque había la salud débil y era muy curioso hacia todo que le rodeaba*

P 71, actividades 1b y 1c

1 Nacido el 8 de mayo de 1975 empezó su carrera en México donde se convirtió en uno de los artistas lationamericanos más importantes del mundo. Aún así el mercado español era un tanto escéptico pues el público debía cerciorarse de que el cantante merecía su adulación por su propio talento y no por vivir a la sombra de su tan famoso padre.

2 A sus cerca de 40 años; se rie cuando le llaman sex-symbol y su vida no podría estar más lejos de Las Palmas de Gran Canaria donde nació. Se dice que su carrera empezó a la temprana edad de seis años cuando incluenciado por su familia con tradición cinematográfica, ya apereció en varias series de televisión. Hasta hoy es el primer español galardonado por un Oscar.

3 En nuestro país, cuando hablamos de directores de la gran pantalla ya no sólo nos viene a la cabeza Almodóvar sino que también acordamos de este joven de madre española y padre chileno. A sus diecinueve años ya dirigió su primer cortometraje y ahora, a sus treinta y pico

ya es conocido en Hollywood por su primera película de habla inglesa con Nicole Kidman, Fionnula Flanagan y Christopher Eccleston.

4 No puedes visitar Barcelona e irte sin haber sentido su presencia puesto que su huella está en grand parte de la ciudad desde su famosa inacabada catedral hasta el caprichoso Parque Güell. Nacido en los cincuenta, su salud débil le impidió ir a la escuela y esto, junto con la tradición artesanal de su familia; le provocaron una curiosidad básica hacia todo lo que le rodeaba.

2 Group discussion: Students discuss whether they like the arts and which of the genres listed in Exercise 1 they prefer. They also mention the ones they do not like and say why. They use the opening phrases given to guide their discussion.

Por amor a la lengua

Skills focus

♦ Listening for detail
♦ Reading for gist and detail
♦ Writing a piece of theatre criticism
♦ Oral skills, presenting a point of view

Key language

el concurso; el novela; los cuentos; el coco; compañías de teatro ambulantes; los espectadores; los precios; el público

Resources

♦ Students' Book pages 72–73
♦ CD 2, track 14

1 In pairs, students answer the questions on reading.

2 Students read the article on the Jordi Sierra i Fabra prize for literature by young people. They answer the questions in English.

Answers should include:

1 to encourage a love for literature and the written word among Spanish and Latin American young people
2 yes, if under 18
3 works that have been awarded prizes in other competitions

4 minimum of 50 pages, printed on one side only, A4 paper, 30–35 lines per page, font size 12 or more
5 a 3,000€ advance on 5% royalties
6 publication and marketing of the work

 3a Students listen to the interview with the winner of the Jordi Sierra i Fabra prize for literature by young people. They select the correct phrase to complete the sentences.

P 72, actividades 3a y 3b

– Buenas tardes radioyentes de tardes literarias, hoy tenemos el **privilegio** de conocer a Arturo Padilla escritor de *El poder de una decisión*. Buenas tardes Arturo, cuéntanos, ¿de qué se trata el libro?

– Hola, buenas tardes. Bueno, está inspirado en **vivencias** del instituto y cuenta la historia de un skinhead que intenta huir de su pasado.

– ¿A qué edad comenzó tu interés por la escritura?

– Empezó desde bien pequeño. Siempre he tenido mucha imaginación, ya que mi padre nos contaba cuentos a mi hermana y a mí cuando éramos pequeños. Eso contribuyó a que me imaginara mundos exóticos llenos de aventuras...

– ¿Por qué elegiste el tema de los skinheads?

– Bueno. He tenido compañeros de esta ideología en mi clase y nunca he comprendido cómo pueden pensar de una manera tan radical. Entonces, quise hacer un libro que reflejara su modo de pensar y actuar y los porqués. También está **involucrado** el tema del acoso escolar, pues la violencia forma parte del colectivo skin. Son dos temas muy **corrientes** entre los jóvenes y están enfocados desde mi perspectiva juvenil.

– Respecto a la trama de tu novela, ¿hubo planificación previa o surgió a medida que la escribías?

– Mi novela tiene un hilo argumental que ya tenía planificado antes de empezar a escribirla. Al principio de la historia aparece un paquete negro cuyo contenido no se **desvela** hasta prácticamente el final. Por eso iba dando pequeñas pinceladas a lo largo de la historia para crear más **expectación**. Sin embargo, la escena final del libro no la había planeado y estuve días pensando en cómo acabar con un final a la altura de toda la trama. Finalmente, redacté el **desenlace** a pocos días de presentar el trabajo, pero estoy contento con él y no lo cambiaría.

> – ¿Te ves dedicándote de lleno a la literatura en un futuro?
>
> – Vivir de la escritura sería un sueño para mí. No obstante, el camino es difícil y quiero dar prioridad a mis estudios para tener una profesión con la que pueda ganarme la vida. Seguiré escribiendo, eso siempre, y si consigo que mi **afición** se convierta en mi modo de ganarme la vida, aprovecharé la oportunidad.
>
> – ¿En qué aspectos crees que cambia tu vida de ahora en adelante?
>
> – No creo que mi vida haya cambiado mucho. Bueno, tengo 3.000 euros en el banco y un libro editado, pero quiero "tener los pies en la tierra" y seguir siendo como siempre. Si la vida me sonríe y me convierto en escritor, voy a conservar los principios y valores morales que me han **inculcado** mis padres de pequeño. Es fácil dejarse llevar por los **elogios** de la gente, pero ante todo no quiero perder la humildad.

Answers:

1 c   2 a   3 c   4 b   5 a   6 c

3b Students listen again and identify the words or phrases which correspond to the English words listed.

Answers are bold in the transcript

4a Students read the text on the theatre group La Cubana. They answer the questions using their own words.

Possible answers:

1 *una compañía de teatro*
2 *el 25 aniversario de la obra "Cómeme el coco, negro"*
3 *las compañías de teatro ambulantes porque llevan el teatro a todos*

4b Students read the opinions of the spectators on the performance and decide who expresses each of the opinions 1–8.

Answers:

1 Javier, Alicia   2 Jorge   3 Alicia   4 Juan
5 Javier   6 Jorge   7 Sofía   8 Javier

5a Students write a criticism on "Cómeme el coco, negro" for an imaginary magazine. They write 200 to 300 words using the information prvided in Exercises 4a and 4b. They should include:

♦ the time the performance started and the audience reaction

♦ the good, the bad and the surprising
♦ public opinion

5b Discussion in pairs: "Is the theatre only [a hobby] for the rich?" Students discuss whether or not they agree with the statement, using the key words and phrases as an aid to their discussion.

Cinematográfía y artes visuales

Grammar focus

♦ Position of adjectives

Skills focus

♦ Using adjectives
♦ Writing a piece of art criticism

Key language

el graffiti; el vandalismo; apoyar; los murales; expresar sus sentimientos
la representación; el papel; la protagonista

Resources

♦ Students' Book pages 74–75
♦ CD 2, tracks 15 and 16

1a "Is graffiti a form of art or vandalism?" Students listen to the interviews.

1b Students listen again and then identify which speaker expresses the opinion a–j.

P 74, actividades 1a y 1b

1   Es vandalismo para mi, porque lo que hacen es destrozar todas las fachadas. Nosotros hemos pintado la casa hace cuatro días y ya está toda destrozada, ¿que pasa? ¿Ahora tenemos que volver a pagar a un pintor por su culpa?

2   Arte ... es arte. Yo cojo las paredes las pinto y ahí pongo lo que yo pienso, para mi es una forma de vida, vamos. Para mi no existiría la vida sin graffiti, no puedo estar sin pintar porque es expresar lo que yo pienso.

3   Según cómo se emplee porque hasta ahora lo único que se ha hecho es ensuciar las paredes. Nada más, ensuciar las paredes. No entiendo el graffiti ¿qué utilidad tiene? Creo que alguien con esa habilidad, la debería utilizar para otros fines sin necesidad de manchar las paredes.

4 Para mí es arte. O sea, para mí es una forma de expresión y la verdad es que lo respeto bastante y realmente no lo considero vandalismo, es más, a veces me paro y me gusta verlo, o sea, me gusta ¿Qué entiendo yo por arte? Una manera de expresar los sentimientos y los pensamientos, plasmarlos en una pintura, o una escultura. El graffiti es una forma de arte como otra cualquiera, o sea, una forma de expresar y decir lo que piensas sobre la realidad, y lo que piensas sobre el sitio donde vives y la sociedad en la que te mueves.

5 Se puede interpretar de las dos maneras pero yo creo que algunos están bien hechos como el de la fachada de mi casa, que está hecho por unos profesionales que se dedican a esto, y que van a concursos patrocinados por el ayuntamiento. Yo creo que esto es arte, más que vandalismo. El graffiti es una forma también de expresar, eh … una forma de vida. La gente no tiene donde poder hacer estas pinturas y se dedican a hacerlas en las fachadas de las casas, en las persianas de las tiendas … Hay cantidad de calles que están llenas de graffiti encargados por los propios comerciantes y que forman un verdadero conjunto artístico.

6 Pues es un arte con un gran componente de vandalismo, porque así nació y así debe mantenerse, como parte de un modo de expresión de sentimientos, de rabia muchas veces. La adrenalina de ser perseguido y de hacer algo prohibido es algo imprescindible en el graffiti.

Answers:

a 3	**b** 4	**c** 5	**d** 6	**e** 5
f 1	**g** 4	**h** 2	**i** 5	**j** 2

NB The next exercise is based on an AQA speaking task, but instructions are in Spanish rather than English.

1c Students read the two statements on graffiti and prepare to support one of the theses before a companion or their teacher. They follow the advice given in preparing their material.

Gramática

Position of adjectives

Revise with students their knowledge of adjectives and which adjectives are placed before a noun.

In general adjectives which express an inherent characteristic; a subjective judgement; and quantity are placed before the noun.
Develop the students' knowledge by pointing out how the position of an adjective can change its meaning.

A   Students read the texts A and B in Exercise 2 and identify the meaning of the adjectives underlined. They make up a grid and learn their different meanings.

Answers:

Adjective	after noun	before noun
mismo	himself	same, selfsame
puro	pure	only, exact
pobre	poor	unlucky, unfortunate
gran/grandes	tall, large, big	great

Show students how to deal with cases where there is more than one adjective with a noun.

2   Students read the two descriptions of an equestrian statue and identify the one that matches the picture.

Answer: **B**

 3a   Students listen to the track about Chillida's sculpture and answer the questions.

P 75, actividad 3a

En el 2002 nos despedimos de Eduardo Chillida, el que fue uno de los grandes artistas del siglo pasado y un gran rebelde por su oposición a la dictadura de Franco y sus esfuerzos por liberar los presos políticos. El escultor describió su obra *Los Peines del Viento* como la evocación al horizonte como algo desconocido e imprevisible. Para entender su interpretación uno debe ver *Los Peines* en un día de tormenta y marea alta cuando, transmtiten una implacable sensación de desafío entre tierra y océano.

Answers should include:

1 *Chillida murió*
2 *por su oposición a Franco y por sus esfuerzos por liberar los presos políticos*
3 *al horizonte*
4 *un día de tormenta y marea alta*
5 *sensación de desafío entre tierra y océano*

3b Students write a description, like those in Exercise 2, on the work of Eduardo Chillida. They use the vocabulary provided.

4a Students read the synopsis of the film *El Orfanato* and identify the words or phrases which mean the same as the English words and phrases listed.

Answers:

well known = *conocida;*　great sentimental value = *gran valor sentimental;*　disturbing = *inquietante;* threatened = *amenazada;*　the main charater = *la protagonista;*　unravel = *desentrañar*

4b Students complete the sentences according to the text.

Suggested Answers

1　*Juan Antonio Bayona es el director la película.*
2　*Belén Rueda interpreta el papel de. Laura.*
3　*El sueño de Laura es de restaurar y reabrir el orfanato para niños discapacitados.*
4　*En el orfanato el hijo de Laura juega con un amigo invisible.*
5　*La protagonista necesita ayuda porque su familia está amenazada.*
6　*El papel de los parapsicólogos es desentrañar el misterio.*

5　Students write a synopsis of the last film they have seen. They use no more than 100 words.

El ritmo de la vida

Skills focus

◆　Talking about singers and music
◆　Writing a formal letter

Key language

◆　*el reggaeton;　discriminar a;　las letras pegadizas; perrear; cantantes; un espectáculo; la desilusión*

Resources

◆　Students' Book pages 76–77
◆　CD 2, tracks 17 and 18
◆　Copymaster 33

1a Students read the passage on reggaeton and answer the questions.

Answers should include:

1　*Un controversial nuevo movimiento musical*

2　*De Panamá y Puerto Rico, influenciado por el Reggae jamaicano*
3　*Ha arrasado en la América hispanohablante*
4　*Porque las letras de sus canciones son sexualmente explícitas,　a menudo machistas y vulgares*
5　*Es la forma de bailar el reggaeton, es criticado por su alta connotación sexual*
6　*Porque están en peligro de desaparición tras la popularidad del reggaeton*

1b Students read the text and explain in Spanish what the words underlined mean. They use their own words.

2　Group discussion. Students read the four statements on reggaeton. They discuss whether they agree with them or not, giving their reasons.

 3a Students listen to the track about Ivy Queen and answer the questions in English.

P 76, actividades 3a y 3b

Conocida como la Reina del Reggaeton, Ivy Queen muestra un estilo que no emplea el crudo lenguaje tan típico del género. Sus letras son igual de pegadizas pero ella elige hablar a favor de su Puerto Rico natal y particularmente de sus mujeres que viven con frecuencia a la sombra de maridos que no las entienden ni las respetan lo suficiente.

Answers:

1　A reggaeton singer, known as the queen of the reggaeton
2　She doesn't use crude language in her lyrics.
3　Her lyrics are equally catchy.
4　In favour of her country of birth (Puerto Rico) and Puerto Rican women
5　Men neither respect nor understand women, who frequently live in the shadow of their husbands.

 3b Students listen again and complete the sentences.

Answers:

1　*El estilo de Ivy Queen es menos crudo que el lenguaje habitual del género*
2　*Ha conseguido éxito con letras sobre su Puerto Rico natal*
3　*En sus canciones reivindica los derechos de las mujeres puertorriqueñas*

4a Students discuss the singers they know who sing in Spanish and whether they like their music.

4b Class discussion on "Spanish-speaking singers should not sing in English".
Before they begin debating the issue, students should consider the themes listed.

5 Students translate the passage on the Cordoba guitar festival into Spanish.

Sample answer:

Una vez más Córdoba se convierte en la "ciudad de la guitarra" por otro verano. Gracias a la calidad de los artistas que participan, este festival en honor de la guitarra ha adquirido una fama internacional. Durante el festival hay espacio para todo: desde cursos sobre la construcción de guitarras, a cursos para aprender a tocar la guitarra clásica o la flamenca o la oportunidad de participar en concursos de música.
El programa incluye también fantásticos conciertos y actuaciones guitarra de jazz, moderna o clásica.

6a Students read the text on Joaquin Cortés and answer the questions.

Answers:

1 *Córdoba*
2 *tres años*
3 *el palacio Vistalegre de Madrid*
4 *diseñado por Jean-Paul Gaultier*
5 *tuvo que cancelar unas citas por circunstancias familiares*

 6b Students listen to the fan of Joaquin Cortés and answer the questions in English. They should mention two details for each question.

P 77, actividad 6b

Gracias por tu entrega, por tu pasión, por tu emoción, por tu expressión, por tu amor por la danza. Gracias porque me regalaste momentos únicos y increíbles, llenos de sentimiento, que quedan cariñosamente en mi corazón y en mi mente. La danza es algo que llevo en la sangre, desde muy pequeña que empecé a bailar danzas árabes, es una passión que traigo hasta hoy en mi vida y que tengo la suerte de poder transmitir al público, con mucho amor, cariño y trabajo; además del baile árabe estudié también la danza gitana, flamenca y otras que estan muy conectadas con las árabes.

Joaquín, me enamoras con tu baile, eres suave como el aire y fuertemente sentido en el flamenco, cuando empiezas a bailar todo

---

se me olvida, eres inovitable, maravilloso. *Mi Soledad* es un espectáculo lindo, lo vi dos veces en Portugal, delante de ti sentada justa. Es sencillamente deslumbrante, el comienzo es algo indescriptiblemente bello y sentido.

OLÉ guapo!

Possible answers:

1 For his dedication, passion, emotion and love of the dance. Because he gifted her with unforgettable moments filled with sentiment.
2 She has it in her blood, danced since she was little and she dances for the public (her job).
3 He makes her fall in love.
4 Beautiful, beyond description

7 Students imagine that they were one of the Londoners who had tickets for one of the cancelled shows. They write a formal letter to Cortés' artistic director mentioning the themes listed. Ensure students understand the topics to be included. Point students to the material on how to write a formal letter in *Ánimo* 1, page 101.

¡Atención, examen!

Grammar focus

♦ The passive
♦ Superlatives

Skills focus

♦ Use of active and passive voice
♦ Use of comparative and superlative adjectives
♦ Researching synonymns and antonyms to improve vocabulary
♦ Researching and planning written work

Key language

una maqueta; el disco; la discográfica; el éxito; subastar; recaudar

Resources

♦ Students' Book pages 78–79
♦ Copymasters 34, 35

Gramática

The passive voice

Revise the construction of the passive.

♦ **ser + past participle,** which must agree in gender and number with the subject of the sentence.

◆ **se** + third person singular or plural with passive meaning to deemphasise the subject.

◆ **tenses remain the same** when a a verb is changed from active to passive voice or vice versa.

A   Students rewrite the sentences in the active voice.

Answers:

1 *Ildefonso Falcones escribió* La catedral del Mar.
2 *Sin duda, Bardem va a ser nominado de nuevo para los Oscars.*
3 *Operación Triunfo ha lanzado muchos nuevos cantantes a la fama.*

B   Students write the text on "Estopa" in the active voice.

Sample answer:

"Estopa" arrasa de nuevo
Los hermanos David y José Muñoz conocidos extensamente como el dúo Estopa lanzan su quinto disco con canciones que oscilan entre la rumba catalana y el heavy más metalero.

Trabajaban en la fábrica de Seat de Barcelona cuando la discográfica BMG/Ariola les dio una oportunidad tras escuchar una maqueta de su canción "La raja de tu falda".

Con el apoyo de la discográfica su álbum de debut vendió más de un millón de copias y su éxito continúa.

C   Students write the next text in the passive voice.

Sample answer:

Serrat y Sabina apoyan la Fundación "Chespirito"
Las impresiones de las manos de los cantantes españoles Serrat y Sabina van a ser subastadas a beneficio de la fundación del actor mexicano Roberto Gómez Bolaño, «Chespirito».

El dinero que será recaudado en la subasta benéfica va a ser destinado a tres proyectos por la salud, la educación y la integración familiar de niños y jóvenes sin recursos.

The superlative
Introduce students to the construction of the superlative using **más** + adjective + **de** or **menos** + adjective + **de** and its meaning. Revise irregular forms of the comparative and superlative.

D Students write the superlative of the adjectives listed.

Answers:

Adjective	Superlative
malo	*el / la ... peor de*
grande = big, important	*el / la ... más grande de* (biggest)
	el / la ... mayor (most important)
pequeño = small	*el / la ... menor de* (youngest, least)
viejo = old	*el / la más viejo / a* (oldest: things)
	el / la ... mayor (eldest: people)

Introduce students to the absolute superlative constructed with the suffix -ísimo.

E   Students write the absolute superlative of these adjectives. Remind them to look out for spelling changes.

Answers:

lindísimo   facilísimo   riquísimo   larguísimo viejísimo   interesantísimo

Remind students that they can improve the quality of their work by using more sophisticated forms of adjectives in their oral and written work.

Introduce students to the use of online dictionaries as a source for synonyms and antonyms. Use WordReference.com Diccionario de sinónimos y antónimos.

F   Students look again at Exercise 4b on page 73. They list all the adjectives used in the entire context of the exercise. They find a synonym and antonym for each, using either the text of 4b itself or a dictionary. They learn 10 new words by heart to increase their vocabulary.

Técnica

Researching and planning your work

Take students through the advice for researching and planning a piece of written work

1   Students choose three authors or works of art mentioned in Exercise 1a on page 71. They use www.google.es to find at least two relevant articles for each of their choices. They should make sure their articles bring in a different aspect or additional information.

2   From the information found, students devise a title for a possible essay for each subject. Point out that the title should have a definite focus.

3 Students construct an essay plan for each of the titles they choose from Exercise 2.

4 Students choose one of their titles from exercise B and write 250 to 400 words following the guidelines and using their essay plan.

A escoger

Skills focus

Listening, talking and writing about the arts

Key language

remordimientos; individuo; identidad; destino; duradero; predeterminado; arrepentirse; cambiar

Resources

♦ Students' Book page 80
♦ CD 2, track 19

 1a Students listen to the arts programme and decide whether the visitors like the museum or not, or whether they remain indifferent. They give their reasons.

> **P 80, actividades 1a y 1b**
>
> – Muy buenas noches a todos y bienvenidos. Vamos a ver: ¿quién ha visitado el Museo Picasso en Málaga? Usted señora.
> 1 Yo empiezo diciendo enfáticamente que me encantó todo – el edificio, el servicio, la cortesía de los empleados, la cafetería, la tienda de recuerdos...
> – Y los cuadros ¿qué?
> – Pues, tambien me encantaron, por supuesto – y los servicios – bueno, las señoras de mármol tan ...
> – Bueno, gracias, y usted, señorita: ¿qué impresión tiene?
> 2 Pues no sé – en mi opinión se habla mucho sobre la genialidad de Picasso pero si no te gusta este estilo te deja frío – en realidad prefiero el estilo de Goya y no me llaman mucho la atención los cuadros de Picasso.
> – Una persona decidida, pues – y usted, señor: ¿Qué opina?
> 3 Yo sé que su apertura provocó gran revuelo y hemos tenido que esperar mucho tiempo para ver la exposición pero para mi valió la pena porque hay cuadros que nunca se habían visto y creo que al

> verlos se completa aun más la totalidad de las obras de este gran maestro malagueño.
> – Dicho con orgullo, la verdad. Otra persona, a ver .... Usted.
> 4 Gracias – sí. Bueno – me gustó, sin lugar a dudas, y hay que reconocer que es el mestro indudable del siglo XX – eso es todo.
> – Y finalmente usted, señorita.
> 5 Me quedé pasmada, pasmada con tantas obrs increíbles – me sentí absolutamente agobiada – un tesoro, un tesoro cultural ...

 1b Students listen again and complete the sentences 1–6 using the phrases a–h. There will be two phrases left unused.

Answers:

1 d   **2** c   **3** f   **4** a   **5** h   **6** e

2a Students read the poem by the popular poet Machado. They answer the question.

2b Group discussion. Students prepare to answer the questions about the text of the poem by looking at the list of keywords and if they do not know what they mean they look them up. With this vocabulary to help them they answer the questions.

3 Students build on their discussion in Exercise 2b to write a résumé of no more than 100 words in which they put forward their own interpretation of the poem.

Unidad 8 Política y polémicas globales

Unit objectives

By the end of this unit, students will be able to deal with the following topics:

- political changes in Spain
- the role of democracy, the state and the individual
- war and terrorism (world conflicts)

Grammar

By the end of this unit students will be better able to:

- use more complex subjunctive structures
- use 'por' and 'para' correctly

Skills

By the end of this unit students will be better able to:

- focus on accuracy when checking work
- recognise common pitfalls

Key language

los derechos humanos; la hambruna; la deuda; la apatía política

Resources

Students' Book page 81

1a Students identify the themes for the unit in the images on the globe and match them to the list of terms.

1b Students add any other controversial issues they can think of. This presents a useful vocabulary for the unit.

1c Students discuss in pairs the three questions. They should justify their opinions and use the key phrases.

La evolución política

Grammar focus

- All tenses
- The subjunctive

Skills focus

- All reading strategies

- Listening for detail
- Drawing conclusions from reading texts
- Research and taking notes
- Oral presentation

Key language

la constitución; acercar; audaz; discrepar; unirse; a la vez; indisoluble; éxito; el rincón; aterrar; el colmo; respaldar; dar baja de maternidad; confiar; peliagudo/a

Resources

- Students' Book pages 82–83
- CD 2, tracks 20 and 21

1a Before reading the text on the "Constitution of 1978", students revise all the reading strategies they have learnt in the *Técnica* sections of the book and employ them in reading the text. Check what they remember about the CCAA and the political systems in Spain.

1b Students identify the obvious attitude towards the Constitution in the text by identifying phrases or sentences which underline this.
Example : *es una solución brillante*

1c They choose phrases which indicate that this is an explanation about the Constitution directed at a younger audience.
Example: *antes de explicaros ...; como podéis imaginar; no es así ...*

 2a Students listen to Javi and Inma and complete their opinions using one of the arguments a–c.

P 82, actividad 2a

Javi: La autonomía es la negación de la independencia. El proceso legal llegó a su fin hace más de veinte años y las comunidades, con sus propios idiomas, banderas y gobiernos, no pueden independizarse de España a menos que cambie la constitución. Ya no da lugar ni para progreso ni para la negociación. Entonces ...

Inma: Si el país es un estado indivisible, ¿por qué se encuentra dividido, y dividido sin igualdad de autonomía entre las diferentes regiones? Si el

---

poder autonómico varía según los estatutos locales, entonces el poder central se ejerce de forma diferente en distintos lugares del país.
Entonces ...

Answers:

a Inma;   b Javi

2b Students explain to a partner in what ways Javi and Inma disagree with the author of the text.

Answers could include:

Inma

Not well designed; varies from region to region; confusing mess; democracy doesn't seem to work properly.

Javi

Autonomy as established by the Constitution denies real independence.

Process is inflexible; people who want independence are seen as being against the Constitution.

3 In pairs students discuss the text and analyse each paragraph to show where it is rather simplistic in attitude.
Example: *Aquí dice que la solución es brillante pero ...*

4a Students listen to the discussion and note the region and the topic presented by each speaker.

P 83, actividades 4a y 4b

– Bienvenidos al foro de asuntos regionales – esta noche vamos a recibir llamadas de todas partes de España porque hemos preguntado: ¿Cuál es el asunto más preocupante en tu región? Tenemos una llamada de **Galicia**. ¿Cómo te llamas?

Paco: Me llamo Paco y soy un pescador frustrado porque como saben muy bien estamos furiosos por la falta de apoyo por **lo del Prestige** – el maldito barco que derramó su contenido petrolero sobre nuestras playas y nos ha quitado el pan de la boca.

– Tienes toda la razón y creo que el pueblo español se ha mostrado muy solidario con esta causa. Aquí hay otra llamada: ¿Desde dónde llama?

Elena: Soy Elena, de **Murcia** – nosotros tenemos otro problema y en parte es culpa nuestra y en parte culpa de Europa y es que con todos **los cultivos** que hay por aquí se necesita un mayor control sobre **los pesticidas** que se utilizan porque yo creo que esto nos va a afectar a todos a largo plazo.

– Sí, da miedo ver a los trabajadores bajo estos túneles de plástico. ¿El siguiente?

Enrique: Mi nombre es Enrique y soy del sur, de **Algeciras**. El asunto que a mí me preocupa es que como necesitan braceros en las huertas de **Murcia y Almería**, muchos **inmigrantes llegan ilegalmente** y yo que trabajo en el muelle del puerto veo muchas cosas. Hay que pedir a los gobiernos europeos que nos ayuden a imponer controles porque esto no es un problema nuestro únicamente – es de toda Europa.

– Pues sí – y otro problema que hay es la tasa de paro que veo que se está disminuyendo pero aún así es más alta que la de muchos países europeos – ¿qué decís sobre esto? ¿Quién llama?

María: Soy yo, María de **Madrid**. Lo que pasa es que la tasa de natalidad es muy baja ahora y es por eso que hay menos paro. Pero esto no quiere decir que el gobierno haya fomentado la creación de empleo. Todavía hay mucho **jóvenes que no tienen trabajo** – bueno a menos que seas catalanes ...

– ¿Por qué dices eso? Siempre hay tanta rivalidad entre los madrileños y los catalanes. ¿A ver qué opinas, **Cataluña**?

Sebas: Soy Sebas de Barcelona. Claro, porque somos muy emprendedores y mientras no se acabe con **estos tópicos estúpidos** se seguirá diciendo que los madrileños son todos unos chulos, que los gallegos son supersticiosos y que los andaluces ...

– Está bien, creo que entendemos muy bien lo que quieres decir. Por último una llamada **de Extremadura**, ¿sí?

Nuria: Eso es – me llamo Nuria y me pregunto si os habéis dado cuenta de los estragos que han hecho en nuestro paisaje **los incendios del verano** – me entran ganas de llorar

> cuando pienso que esto va a tardar años en recuperarse, lo igual que las playas de Galicia y la costa cantábrica.
>
> – Bueno, y con esto hemos recorrido prácticamente toda la geografía española y creo que para todos los problemas del ambiente en que vivimos hay una solución.

Answers: in bold in transcript

4b Students listen a second time and complete the sentences choosing verbs from the box.

Answers:

1 *se hayan limpiado;*
2 *controlen;*
3 *ayude, entren;*
4 *se sigan;*
5 *vea*

4c Students find equivalent phrases for the ones listed.

Answers:

1 *como se saben muy bien;*
2 *nos ha quitado el pan de la boca;*
3 *se necesita un mayor control;*
4 *a largo plazo;*
5 *no es un problema nuestro únicamente;*
6 *la tasa de paro / natalidad;*
7 *mientras no se acabe con;*
8 *hemos recorrido prácticamente toda la geografía española.*

4d Students make a list of the differences between the various regions of their own country.

4e Class discussion. 'Variety is the spice of life'. Students should mention the different regions of Spain.

5 Students write an essay of 150–200 words about regionalism versus centralism.

6a Class discussion. Students read the statements and talk about the political changes they have witnessed.

6b Students identify who mentions each of the topics listed.

Answers:

Omar – dinero;   Jesús – igualdad;   Fabiola – inmigración;   Sergio – terrorismo;   Pepa – el pasad y la guerra;   Maite – las CCAA;   Enrique – igualdad

6c They decide who has a positive attitude and who has a negative attitiude towards the changes.

7 Group work. Students research further information about one of the topics in 6b and make an oral presentation.

La democracia y el individuo

Grammar focus

♦ All tenses

Skills focus

♦ Translation into English
♦ Listening for gist and detail
♦ Expressing agreement and disagreement
♦ Writing and essay
♦ Reading for detail
♦ Analysing a text

Key language

contrarias;   la convivencia;   medirse;   el botellón; la brecha;   un régimen parlamentarió;   la voluntad;   el comportamiento;   incubarse;   una campaña;   el manifiesto;   manifestar;   apelar; hacia atrás

Resources

♦ Students' Book pages 84–85
♦ CD 2, tracks 22 and 23
♦ Copymasters 37, 38

1 Students read the two texts and translate them into English.

Possible translation:

Well we human beings will never be able to agree on everything and only tolerance of opposing ideas allows for living together harmoniously.

Only by respecting the word and the life of one's enemy are we able to measure whether we live in a sham tyranny or a democracy.

 2a Students listen to the discussion and note down the order in which each point of view a–g is expressed.

> P 84, actividades 2a and 2d
>
> 1 **¿Cómo es posible** que los padres no tengan más control sobre sus hijos cuando Salen por ahí, pasan la noche bebiendo y luego tiran las botellas a la calle?

> **2** Mira, **no entiendo lo que quieres decir con esto** porque son los periódicos los que insisten en que hay un problema cuando en realidad es **todo lo contrario**.
>
> **3** **No es verdad** porque lo he visto con mis propios ojos y andan en grupos ruidosos que da miedo.
>
> **4** **Lo que dices no está justificado.** Se trata sólo de algunos individuos. No puedes culpar a toda una generación por los fallos de unos pocos – mira cuántas leyes hay que nos gobiernan la vida – hasta lo que se ve por la tele con esto de la prohibición de corridas en vivo.
>
> **5** **Tienes toda la razón** en decir esto – pero es por tu bien. Lo mismo que eso de obligar a llevar cascos en las motos – esto también es por tu bien.
>
> **6** **Vale,** supongo que siempre **hay que buscar un equilibrio** y me alegro que ya no se tenga que hacer la mili.
>
> **7** **Estoy de acuerdo.** Me sorprende y al mismo tiempo me gusta que se haya retirado a nuestros soldados de Irak y que tengan encarcelados a los terroristas.
>
> **8** **Pues no, en absoluto – en esto te equivocas** – encarcelar a gente sin que tengan una oportunidad de defenderse en un juicio justo me parece la cosa más injusta del mundo.

Answers:

1 f;	**2** h;	**3** g;	**4** c;
5 d;	**6** e;	**7** a;	**8** b

2b They make a list of phrases and words which express agreement and disagreement.

Answers in bold in transcript

2c Students discuss whether they agree with the points of view expressed or not.

2d Discussion in pairs. Students listen again to the statements on the track for Exercise 2a and with the help of the list they made for Exercise 2b they discuss the issues with a companion.

3 Students write a paragraph, of roughly 150 words, about how political parties could engage better with young people. They use the three prompts as a guide.

4a Students read the text and answer the questions in Spanish. They should use all the skills for reading which they have covered so far.

Answers should include:

1 *Parlamentario: intercambio público de argumentos y contraargumentos*

Presidencial: depende de la voluntad de una sola persona

2 *Los poderes públicos tienen que buscar y encontrar juntos la forma de proceder.*

3 *reflexión, discusión, deliberación, responsabilidad e intercambio político + la representación popular*

4 *existe una oposición política*

5 *Se refiere a las elecciones de marzo 2004 cuando el PP perdió a causa de su arrogancia frente al atentado de 11 de marzo.*

4b They find synonyms for the words **in bold**.

Answers:

clave;   hallar;   explicar;   la conducta;   la forma

4c They write in their own words what they think the underlined sentences mean.

Possible answers:

Se dejan comparar
Un debate abierto de ideas pro y en contra
A los partidos les corresponde / toca expresarse
Engendrado por el imperio / el mando

4d They write definitions for the italicised phrases.

Possible answers:

Un sistema de gobierno organizado en parlamento
Está en manos de un individuo que puede hacer lo que quiera
Lo mejor del régimen basado en el sistema del parlamento
El trueque / canje de ideas sobre la política
Priorizar sus ideas / deseos políticos

5a Students listen and decide which of the protests refers to a, b or c

> P 85, actividad 5a
>
> **1** Cuatrocientos mil personas participaron en Barcelona en una manifestación convocada por cincuenta organizaciones diferentes para protestar contra el Plan Nacional Hidráulico.
> La marcha empezó en la Plaza de Cataluña y desfilaron hasta la plaza de la Catedral. Allí leyeron manifiestos contra la viabilidad económica y ambiental del proyecto del gobierno para trasvasar agua de una región de España a otra.
> Los participantes llevaban un tubo enorme en forma de nudo y pancartas con el lema "Por una nueva cultura del agua".

> **2** La campaña "Otro Timo No" quiso denunciar la manipulación del programa de televisión "Operación Triunfo" donde el negocio sustituye al talento, destruyendo el equilibrio entre arte y lucro.
> Se publicó un manifiesto que se diseminó a través de grupos culturales e Internet. Insistió en que la cultura no se puede reducir a un objeto de rentabilidad. Acusa a la televisión española de convertir los programas en un espacio publicitario para promocionar sus propios productos.
> De las palabras pasaron a la acción. Organizaron un evento donde miembros del público podrían cambiar un disco de OT por un disco de música original.
>
> **3** Nació de la necesidad frente al desastre del barco petrolero "Prestige" en la costa de Galicia. Los voluntarios de la operación de limpieza del fuel en la playa no se contentaron con volver tranquilos a sus casas.
> La protesta unificó hasta a los hinchas rivales. El día del partido entre el Celta de Vigo y el Deportivo de La Coruña, los gritos se alzaron al unísono bajo el lema: "Nunca más".
> La protesta se convirtió en símbolo de esperanza en el futuro con una cadena humana de niños a lo largo de la costa damnificada.

Answers:

a 1   **b** 3   **c** 2

5b They note the slogan for each campaign.

1 *Por una nueva cultura del agua = Plan nacional Hidráulico*
2 *Otro Timo No = Operación Triunfo*
3 *Nunca más = el Prestige*

5c They find synonyms for, or ways of rephrasing, the words listed.

Answers:

1 *declaración pública*
2 *juntar dos cosas / aspectos*
3 *establecer / poner en orden*
4 *cuando te hace falta algo*
5 *acusar a alguien de haber hecho algo*

5d Students write the sentences again but in their own words.

6a Students study the photos and describe what is taking place.

6b Students read the words of Sandra Carrasco the teenage daughter of the murdered socialist politician

from Mondragón in the Basque region, Isaias Carrasco. She called on all Spaniards to come out and vote in defiance of ETA, who murdered her father on 7th of March 2008 on the eve of polling. There was a huge, silent protest throughout Spain. Students comment on her words using the prompts as guidelines.

7 Students write 150 words about the right to protest in a democracy.

Guerra y terrorismo

Grammar focus

♦ All tenses

Skills focus

♦ Reading for gist and detail
♦ Analysing a text
♦ Debating
♦ Researching information and note taking
♦ Oral presentation
♦ Listening for gist and detal
♦ Translation into Spanish
♦ Writing a response to an idea

Key language

el disfraz;   las pautas;   amedrentar;   lanzar; el atentado;   el rechazo;   la masacre;   dispar; adquerir;   potenciar;   la ciudadanía;   el fracaso

Resources

♦ Students' Book pages 86–87
♦ CD 2, tracks 24 and 25
♦ Copymaster 36

1a Students read the text about terrorism and list the themes in the correct order.

Answers:

c   e   d   f   g   a   h   b

1b Students write a sentence to sum up each paragraph.

Answers in student's own words

1c Students identify the gender of the nouns **in bold**.

Answers:

cantidad – typical feminine ending -*dad*

protestantes – irregular – nouns ending in -*e* are usually masculine.

falangistas – masculine noun but ends in *a*

terror – regular, nouns ending in -*r* are usually masculine

opositores – regular, example of plural of noun ending in consonant

manos – irregular noun = feminine. But nouns ending in -*o* are usually masculine.

terroristas – irregular, nouns ending in -*a* are usually feminine.

anarquista – see above

brutalidad – regular feminine noun ending in -*dad*

masacre – irregular noun – nouns ending in -*e* are usually masculine

perfil – regular masculine noun.

armas – feminine noun but in singular takes *el* as starts with a vowel like *agua*.

1d Students write a list of verbs in the text, one for each of the tenses and moods.
Examples: *depende* = present tense; *ha tocado* = perfect tense; *se casó* = preterite; *fuera* = imperfect subjunctive after *si*

1e Students find in the text equivalent Spanish phrases for the English phrases given.

Answers:

más que nunca; trata de disfrazarse; para amedrentar; le ha tocado bastante; por si fuera poco

2 As a whole class students have a debate about whether acts of violence can ever be justified to promote a cause. They should include the three prompts in their discussion.

3 Students research more information about ETA and prepare an oral presentation using the bulleted points as a guide.

4a Students listen to the news bulletin and note what the conflicts are about and add some more details for each one. They could write similar reports about recent conflicts around the world imitating the style of reporting.

P 87, actividad 4a

1 **Una pequeña bomba estalló** ayer en una calle concurrida de turistas en la ciudad playera de **San Sebastián** y diez minutos más tarde en la ciudad **asturiana de Gijón** explotó otro artefacto en la misma

---

playa, hiriendo ligeramente a un anciano. Una vez más, **ETA** quiere atacarnos donde más daño hace: el turismo veraniego, que produce más del 12% de la economía nacional. Sin embargo, hay que añadir que hace más de un año que ETA no ha causado víctimas mortales pero siempre hay que tener en cuenta los 850 muertos atribuidos a su terrorismo desde el año de 1968.

2 **Las autoridades paquistaníes han arrestado a cinco sospechosos miembros de la red de Al-Qaeda de Osama bin Laden, lo que eleva a más de 30** el número de **presuntos terroristas** que han sido detenidos en este país aliado de EEUU en su guerra contra el terrorismo mundial.

3 **Una bomba mata a dos personas y hiere a trece más en Jerusalén.** Dos palestinos muertos y siete policías israelíes con otros seis palestinos resultaron heridos al estallar un coche bomba en un puesto de control de la frontera.

4 **Terroristas marxistas de la FARC (las Fuerzas Armadas Revolucionarias de Colombia)** mataron a sangre fría a **nueve campesinos** de la pequeña aldea de Tibu en el norte de Santander, al noreste de Colombia. Se los acusaron de cultivar la coca para el otro grupo rival, las fuerzas ultraderechista de los paramilitares. Las dos facciones rebeldes **causan estragos entre los indígenas y los campesinos** que se encuentran entre la espada y la pared. Les dispararon a la cabeza ni más ni menos. "Aquí no existen los derechos humanos," dijo Luz Marina Orillano, testigo de la matanza.

Answers are in bold in transcript

4b Students write a brief paragraph about the final news item. (FARC)

They could research more details to bring this up to date with the current struggle.

5a Students listen to the report as many times as they need to and reorganise the main headings according to what they hear.

P 87, actividad 5a

¿Quién se acuerda hoy del Tribunal Militar Internacional y el Fallo en Núremberg hace más de sesenta años?

En este texto ya tan celebrado agruparon los distintos delitos y actos criminales contra la humanidad que se resumen en la frase siguiente: "la agresión es el más grave de los crímenes internacionales, por sí mismo y por desencadenar a menudo otros crímenes.

Por lo visto, de los cuatro países autores del texto – los EEUU, el Reino Unido, Francia y la Unión Soviética – dos por lo menos están padeciendo una amnesia organizada. La

nueva doctrina de la guerra preventiva adoptada por estos dos gobiernos es clara y evidentemente contraria a la Carta de Naciones Unidas y al Derecho Internacional vigente.

Lo que pasa es que existen normas, pero no se aplican y, como suele decirse, un mal llama a otro. Una agresión brutal completamente injustificada contra un país desemboca en violaciones másivas de derechos humanos, como ya se ha visto en Irak. Ya nos habían advertido la Cruz Roja y Amnistía Internacional de lo que estaba pasando en las cárceles de Guantánamo e Irak, pero con las fotos que circulan en Internet nadie puede hacerse el ciego – la evidencia habla por sí misma. Las torturas infligidas a presos iraquíes son una muestra más del horror y las atrocidades de una guerra ilegal.

De hecho, habría que formular una pregunta más: ¿hasta qué punto pueden seguir llamándose "amigos, socios y aliados" los mismísimos gobiernos responsables de los delitos más odiosos que jamás se han visto?

Answers:

c   g   a   f   e   b   d

5b Students write a sentence to sum up each point made, re-working the language they have listened to and read in the unit so far.

5c They translate the sentences into Spanish.

Answers:

1 *Existe una colección de leyes internacionales que fueron establecidas hace más de sesenta años.*
2 *Es imprescindible que cada país comprenda y respete los derechos humanos.*
3 *Las atrocidades de la guerra son muy evidentes por todas partes del mundo hoy en día.*
4 *Nadie debe hacer la vista gorda a la torutura y los crímenes contra la humanidad perpetrados*

por ciertos gobiernos en contra de los prisioneros de guerra.

6a Students study the images and discuss the sentences which follow.

6b They compare the images and discuss the impact of such violence on society.

7 Students write 250 words about the topic of war, in response to the statement presented.

¡Atención, examen!

Gramática

Grammar focus

♦ More subtle uses of the subjunctive
♦ Uses of *por* and *para*

Resources

♦ Students' Book pages 88–89
♦ Copymasters 39, 40

More subtle uses of the subjunctive

A–C Revise with the students the different uses of the subjunctive.
Using the material presented here students could work on the exercises provided on Copymaster 39.

por and *para*

Revise with the students the different uses of *por* and *para*, using the examples provided.

D The students translate the sentences.

Answers:

1 *Caminamos por la calle admirando las tiendas.*
2 *Necesita que hagas esto para mañana a más tardar.*
3 *Decidieron quedarse por unos días.*
4 *Le di 50 euros por el bolso como regalo para su cumpleaños.*
5 *Tenemos que quedarnos en casa por culpa tuya.*

Técnica

Checklist

Students read the sections offering advice on ways to help them check their work and focus on accuracy. Then follows a section on common pitfalls in all four skills.

1   Students analyse the sentences and correct the deliberate mistakes, then explain what the mistakes are and how they have corrected them.

1 *Me gustaría ver a tu hermano cuando sea posible.* (needs personal *a* / subjunctive after *cuando* and future reference)

2 *Quiero hablar inglés contigo.* (infinitive of *hablar* after *quiero* / *inglés* noun / *contigo* disjunctive pronoun)

3 *Hace más de media hora que te espero en el cine.* (*hace* present tense / *que* instead of *cuando* / *en el cine* better than *al cine*) (alternatively could have *hacía más de media hora que te esperaba en el cine*)

4 *¿De quien son los lápices azules que Roberto trajo consigo?* (*son* plural subject / *lápices* requires spelling change and accent in plural / *trajo* no accent / *consigo* disjunctive pronoun)

2   Students translate the sentences into Spanish.

1 *Es muy útil aprender el español hoy en día / el español es un idioma muy útil hoy día.*

2 *El abrigo que compraste por internet acaba de llegar.*

3 *De haberlo sabido antes te habría ayudado en seguida./ Si lo hubiera sabido antes…*

4 *Nos conocíamos por mucho tiempo antes de casarnos.*

3   Students write down a few specific reminders for themselves under each of the four skills headings.

A escoger

Grammar focus

♦ All tenses

Skills focus

♦ Listening for gist and detail
♦ Reading for detail
♦ Oral presentation

Key language

confiar; desconfiar; la Buena mesa; el chiste; parar; el despacho; temible; amenazar; detener; cruzar; sacar a luz; denunciar; entrometerse

Resources

♦ Students' Book page 90
♦ CD 2, track 26

1a Students consider which of the headings provide motives for trusting or distrusting the state system.

1b Students listen to Benedicto and Emilia and complete the grid following the examples.

P 90, actividades 1b y 1c

— **Benedicto**, ¿así que ves la Constitución Española como algo positivo en cuanto que garantiza los derechos del ciudadano?

— Sí, pero no sólo porque estableciera la democracia, sino porque esa democracia ha funcionado durante más de 25 años, con la transferencia del poder entre partidos diferentes según la voluntad de la mayoría de los ciudadanos. También ha asegurado que el sistema de justicia se independice del gobierno, como vemos en la persona del juez Baltasar Garzón, que se ha opuesto a las acciones ilegales de la policía y la corrupción de los ministros.

— ¿Y tienes confianza en el poder del estado para proteger el medio ambiente?

— El gobierno tiene el deber y el poder de proteger el medio ambiente. No creo que cumpla siempre con el deber. Toma el ejemplo del Plan Nacional Hidráulico: Se realiza con subvenciones nacionales y europeas, pero descartando las normas y leyes que protegen las reservas ecológicas.

— Entonces ¿crees que el gobierno cumple con su deber de proteger a sus ciudadanos?

— Yo creo que hace todo lo posible, porque después de los ataques terroristas de Madrid sabe que si no da prioridad a la seguridad, no seguirá en el poder.

— **Emilia**, ¿estás de acuerdo con Benedicto?

— Yo quiero recordaros otros hechos que pueden dar una perspectiva más realista. Empecemos con nuestra Constitución.

Debe haber otra forma de democracia que resuelva mejor las tensiones entre la unidad

nacional y la autonomía de las comunidades. El papel de la democracia autónoma no es el mismo por todo el país, así que los poderes del estado y los derechos del individuo no están bien definidos.

Todavía nos acordamos de los llamados Grupos Antiterroristas de Liberación (GAL), donde agentes de policía y políticos persiguieron sus objetivos sin hacer caso a la ley o la justicia. Temo que las medidas contra el terrorismo sean otro pretexto para aumentar el poder del estado.

> En cuanto al medio ambiente, estoy de acuerdo, Benedicto. Desde el Parque Nacional de Doñana hasta el desastre de El Prestige, los antecedentes de nuestro gobierno no son buenos. No sólo hay un catálogo de desastres, sino desastres donde los políticos se contentaron con echar la culpa a otros en lugar de tomar las medidas adecuadas.

Answers:

	Benedicto	**Emilia**
la constitución	*confía*	*no confía*
el sistema de justicia	*confía*	*no confía*
el medio ambiente	*no confía*	*no confía*
las medidas contra el terrorismo	*confía*	*no confía*

 1c Students listen a second time and note down specific references to Spain giving names and concrete examples. Encourage students to research further information about these issues on the Internet.

Answers:

La transferencia del poder entre partidos diferentes
Baltasar Garzón
Plan nacional Hidráulico
Los ataques terroristas de Madrid
Unidad / autonomía
GAL
Doñana
el Prestige

2 Students read the text about Baltasar Garzón and then discuss the questions with a partner before writing a complete answer to each question.

Answers:

1 *Intervino personalmente en las operaciones para detener a los líderes de las mafias y terroristas en Galicia.*
2 *una organización terrorista y separatista vasca*
3 Personal response
4 Personal response

3 Students research one of the CCAA and prepare an oral presentation. They should include information for each of the subheadings listed.

Repaso Unidades 7–8

Grammar focus

♦ Numbers
♦ The preterite
♦ The subjunctive in value judgement

Skills focus

♦ Reading for gist
♦ Translating into English and into Spanish
♦ Listening for detail
♦ Responding in Spanish to recorded text
♦ Researching information
♦ Oral presentation
♦ Building up a list of synonyms to use in rewriting in own words

Key language

*el descubrimiento; el infierno; el peñon;
la huella; mozárabe; mudejar; recaudar;
arrogarse; quiméricos; la subvención,
promover; asumir; brindar; autóctono/a;
la ascendencia*

Resources

♦ Students' Book pages 91–92
♦ CD 2, track 27

1a Students read the text and explain in their own words what is meant by 'contrary discoveries'.

1b They translate the section in bold into English.

Possible translation:

Each milestone has left its mark (footprint) on the arts throughout the centuries and even today artists owe a great deal to the nuances and fusion of their cultural heritage, be it Christian, Jewish or Islamist. Two examples which stand out are the style of the mozarabic – a fusion of Christian art with Moorish influences and the mudejar – Moorish art with Christian influences.

2a Students listen as many times as required to the programme about García Marquez and write notes in English for each of the given headings.

Answers should include:

1 almost 4 centuries separate Cervantes and García Márquez; Nobel prize for Literature; *One Hundred Years of Solitude* published; number of pages in *El Coronel no tiene quien le escriba*; number of chapters in the same; number of years the Coronel has been waiting.

2 compared as finest author of Spanish language with Garcia Márquez

3 magical realism

4 authorise his military pension

5 poverty and struggle for survival

6 almost surreal giving feeling of tragicomic

7 human resistance, destiny, political struggle

8 struggle of poor in face of politicking and injustice

9 concise yet detailed, humourous, ambiguous, sardonic

10 death ever present in picture of fantasy and tension

P 91, actividad 2a

Casi cuatro siglos les separan pero en 1982 cuando le acordaron el premio Nobel de la Literatura por su obra maestra *Cien Años de Soledad* (publicada en 1967) le describieron como el escritor de la lengua castellana más importante desde el padre de la novela moderna Miguel de Cervantes, autor del Don Quijote.

Sin embargo, el mismo Márquez considera su cuento *El Coronel no tiene quien le escriba* (terminado unos diez años antes) su mejor obra, y con razón, porque en sus pocas más de setenta páginas y siete capítulos nace la esencia de un nuevo género literario – el realismo de la magia o realismo mágico – algo que pocos autores logran inventar en su vida.

Esta obra cuenta la breve historia del Coronel, el protagonista de esta historia, que tras 30 años sigue a la espera de una carta del Ministerio que le autorice su pensión militar como veterano de la Guerra de los Mil Días. La descripción realista de su pobreza y su lucha para sobrevvir contrasta con el idealsimo casi surrealista del viejo soldado y le da un toque tanto trágico como cómico.

Por un lado el autor toca el tema de la resistencia del ser humano ante su destino. Por otro lado comenta la lucha política en un país de Latinoamérica – en este caso Colombia. Además la narrativa refleja la lucha de la gente pobre contra la politiquería y las injusticias de cualquier gobierno del mundo.

Su estilo conciso pero detallado, a veces ambiguo y salpicado de un sentido de humor sardónico, pinta un cuadro de tensión y aislamiento, con visiones y sueños fantásticos y la siempre presente muerte, que baila entre la esperanza y el desespero.

2b They then answer the questions using their own words.

Answers should include:

1 *por ser el mejor escritor de lengua castellana*
2 *novela; 70 páginas, 7 capítulos*
3 *el coronel*
4 *militar*
5 *por haber esperado tanto tiempo*
6 *lucha; resistencia; política*
7 *conciso, detallado, ambiguo, humor sardónico*
8 *porque la carta nunca llega pero el coronel sigue esperando*

2c Students look up on the Internet one of the authors listed and make notes under the given headings as preparation for an oral presentation.

3a Students study the images and describe them in their own words. They give ther own opinion of the paintings, using the themes indicated.

3b Students search the Internet for information about Doris Salcedo (Colombian artist and installationist) and Victor Delfín (Peruvian sculptor and artist). They then write some details about their lives and context, and describe one of their works and give their critical opinion of it.

4a Students read the texts 1–3 and decide which person wrote which text.

4b Students match up the continuations a–c with the previous texts 1–3.

Answers:

Hammú = *3b;* Lety = *1c;* Alonso = *2a*

5a Students try to translate the sentences without looking up words in the texts.

5b Students write out the same sentences using words from the text, following the example.

Possible answers :

2 *Las autoridades se arrogan poderes que el sector privado puede asumir.*
3 *Le toca al estado el papel de proveer una infraestructura que garantice una economía estable.*
4 *El sector privado eficiente acaba con la incompetencia de los gestures públicos.*

5c Students rephrase the Spanish sentences using their own words.

Possible answers:

1 *Los papeles del sector público se vuelven insignificantes.*
2 *Asegura la justicia en permitir a los ciudadanos mejorar su vida.*
3 *No son papeles que corresponden al estado.*

Unidad 9 Patrimonio e historia

Unit objectives

By the end of this unit, students will be able to deal with the following topics:
- the heritage and history of the Hispanic people
- Latin America
- customs, traditions and religions beliefs

Grammar

By the end of this unit, students will be better able to:
- differentiate between past tenses
- use past tenses accurately

Skills

By the end of this unit, students will be better able to:
- write and check essays

Key language

la derrota; atroz; el crisol

Resources

- Students' Book page 93
- CD 3, track 1
- Copymaster 43

1a Students study the images and choose a suitable title for each one. This could be done as a whole class or in pairs. This task reminds students of key events in the history of Spain and Latin America, some of which they will already have come across, others will be new.

Answers:

1 *e;*	2 *g;*	3 *j;*	4 *a;*	5 *d;*
6 *h;*	7 *c;*	8 *i;*	9 *f;*	10 *b*

1b Students check the dates on the timeline and see how many they already recognise as significant in Hispanic history. They listen and check their answers.

P 93, actividades 1b, 1c y 1d

1 Cuando llegaron los moros a la península <u>desarrollaron</u> una civilazación brillante desde 711 hasta 1492 cuyo centro <u>era</u> Córdoba donde musulmanes, judíos y cristianos <u>vivían</u> en una cultura de tolerancia cuando el resto de Europa <u>pasaba</u> por la Edad de la tinieblas.

2 Otro año clave <u>fue</u> 1478, el del comienzo de la Inquisición – un cuerpo de policía religiosa que persiguió a todos los que no se <u>querían</u> convertir a la fe católica en nombre de los Reyes Católicos Isabel y Fernando que querían unificar el país.

3 1492 es un año clave en la historia del país por tres acontecimientos. El primero y tal vez el más importante <u>fue</u> el descubrimiento de América, que <u>cambió</u> por completo el mapa del mundo entero. El segundo fue la caída de Granada, el último recinto de lo moros; y el tercero fue la expulsión de los judíos de España.

4 Durante el reinado de Felipe II la famosa derrota de la Armada en 1588 <u>marcó</u> la historia española porque <u>fue</u> el comienzo del declive del poder hispano en Europa.

5 La independencia de la colonias españolas en Latinoamérica comenzó con el "Grito de Independencia" en 1810 cuando Simón Bolívar, siguiendo el ejemplo de la Revolución francesa, comenzó su lucha por liberar al pueblo latino.

6 Esta foto de Robert Capa se convirtió en el gran símbolo de la Guerra Civil española, que entre 1936–1939 asoló al país y mató a más de un millón de personas.

7 La dictadura se mantuvo durante 36 años con el respaldo de ejército, y la muerte de Franco en 1975 significó el final de un período controvertido en la historia del país.

8 El año 1986 se produjeron cambios importantes en el país. En primer lugar hubo un referendum sobre la permanencia de España en la OTANs y más importante aún, fue su entrada decisiva a la Unión Europea.

9 1992 fue año quinquenal de cuatro celebraciones importantes – los Juegos Olímpicos de Barcelona, la Expo de Sevilla, Madrid como capital de la cultura europea y el festival del Sefarad en la sinagoga central demostraban al mundo que España era ya un país plenamente integrado en la comunidad europea y en el mundo.

10 El terrible massacre de Atocha del 11 de marzo de 2004, que se saldó con 192 muertos y 1.500 heridos, conmovió al país entero y confirmó la repulsa nacional hacia el terrorismo

1c They listen a second time and add one more fact about each image. See transcript for possible answers.

1d Point out that the underlying grammar for this unit is to be able to distinguish between the usages of the past tense, in particular the preterite and the imperfect. Students listen a final time and note down verbs used in the preterite and in the imperfect tense and comment on why they think these are used. Students could also use the transcript at this point to check the text and try to understand the difference between the usage of the preterite and imperfect.

Examples are underlined in the first 4 transcripts

América Latina

Grammar focus

Past tenses – preterite and imperfect

Skills focus

- Reading for gist
- Transposition of tenses
- Listening for detail
- Researching and giving an oral presentation

Key language

el libertador; adinerado; dar luz a; la hegemonía; extraer; la derrota; concebir; desvanecerse; indígena; inasequible; la ola

Resources

- Students' Book pages 94–95
- CD 3, tracks 2 and 3
- Copymasters 41, 42

1a Students read the text on Bolívar for gist (read quickly/scan) looking for the key information, indicated in 1–5.

Answers:

1 *América Latina*
2 *Roma y Madrid*
3 *Bolívar, San Martín y Bernardo O' Higgins;*
4 *Chile, Colombia, Venezuela y Perú;*
5 *1810; 1813; 1814; 1812; 1821*

1b Students recount the story orally in the past. They should focus on using the preterite and the imperfect. This could be done with each student

taking a sentence and thus working their way through the text. For example:

Simón Bolívar nació en 1783 … Sus padres murieron cuando todavía era jóven y heredó una fortuna … Ya de hombre se fue a estudiar … donde se encontró con …

1c Students translate the underlined phrases into English.

Answers:

1 the philosophical ideas that give (gave) birth to the French Revolution
2 he feels frustrated in the face of Spanish hegemony (monopoly).
3 but he only manages to extract neutral (noncommittal) promises
4 he suffers defeats and victories in equal measure
5 he moves with his family to Madrid when he is 8 years old.
6 with the aim of gaining independence for Chile
7 in whose hands he leaves the military command
8 how this dream evaporated hardly had it begun

2a Students listen and match the verbal description to the faces. Check how many they already know / are familiar with. For students who might find the task difficult some details written on a white board could be given in English to help them identify each individual.

P 94–95, actividades 2a y 2b

1 Es la cara de la Revolución mexicana, cuando en 1911 el pueblo indígena se levantó en contra de los ricos hacendados y reclamó sus tierras. Murió asesinado en 1919.

2 Comenzó su carrera como médico, pero al pasar por Bolivia observó las condiciones de vida lamentables de los campesinos y de ahí nació su ideal. Más tarde fue condiscípulo de Fidel Castro y escogió llevar la revolución socialista marxista a la selva boliviana donde murió acribillado en 1967.

3 Este político chileno logró ser el primer líder marxista elegido por sufragio democrático – pero por poco tiempo. Fue derrocado y asesinado por los derechistas en 1973.

4 ¿Niña mimada del público argentino o mujer explotadora? Vino de la pobreza, experimentó la riqueza y murió vilificada por unos, beatificada por otros, en 1952. Su nombre aún perdura en una obra musical.

---

5 Esta señora indígena de los Maya Quiché recibió el Premio Nobel de la Paz en 1992 tras haber luchado como activista por los derechos de los indios guatemaltecos.

6 El último emperador de los Inca en Perú resistió a los españoles aislado en su región de Vilcabamba. Tuvo que abandonar la última ciudad de su imperio huyendo por la selva amazónica hasta que le capturaron y llevaron a Cuzco, donde fue ejecutado en 1572 a pesar de que los obispos españoles declararon su inocencia.

7 Fue arzobispo de San Salvador. Luchó por los derechos de los campesinos pobres y protestó contra las injusticias sociales y la tortura, provocadas por el gobierno y los paramilitares derechistas de este país, el más pequeño de las Américas . Fue asesinado cruelmente por las fuerzas armadas el 24 de marzo de 1980 mientras celebraba misa, cayendo muerto en el altar mayor.

8 Comenzó como aventurero con Cristóbal Colón viajando a los Nuevos Territorios en 1502. Una vez allí se convirtió en fraile dominico y trató de ayudar a los indios indígenas y los esclavos negros del Africa. Escribio la famosa *Defensa de los Indios* en 1552 en ella criticó la crueldad de los gobernadores españoles. Pasó el resto de su vida luchando por los derechos humanos de indios y negros.

Answers:

1 E	2 H	3 A	4 G
5 D	6 B	7 C	8 F

 2b Students listen a second time and add a date for each person.

Answers:

Zapata = 1911; Che = 1967; Allende = 1973; Evita = 1952; Rigoberta = 1992; Tupac Amaru = 1572; Osacr Romero = 1980; Las Casas = 1552

2c Students answer the questions based on their listening.

Answers:

a Zapata, Che, Allende, Tupac Amaru, Oscar Romero

b Rigoberta Menchú Tum (to some extent Oscar Romero now)

c Evita

d Tupac Amaru

e All of them to some extent or other.

2d Students research a 20th-century hispanic person who interests them (they could choose one of the faces from 2a above or a set author) and prepare an oral presentation on him or her. They should include the points mentioned.

3a Students study the connectives listed and make sure they know what each one means. They then read the paragraphs under the heading Misión Milagro and using the connectives assemble them to read as a fluent and complete article.

Answers:

Order of paragraphs	Connectives
2	*Sin lugar a dudas*
4	*De hecho*
1	*Un buen ejemplo sería*
5	*Sin embargo*
3	*En resumen*

3b They then answer the comprehension questions using their own words as far as possible.

Answers should contain the following information:

1 *usar el petroleo para ganar influencia*

2 *porque parece que está ayudando a los pobres*

3 *ayuda a los pobres a recuperar o mejorar a su vista*

4 *los que no quieren ver la revolución bolivariana en su país*

5 *convertir al continente entero en un Mercado común como el de Europa*

 4a Students listen to the programme about Bolivia and using the headings given they make notes.

P 95, actividad 4a

Se podría decir que este país ocupa el corazón del continente latinoamericano porque se encuentra totalmente rodeado por otros países – al oeste Chile y Perú, al norte y al este Brasil y al sur Argentina y Paraguay.

Con una superficie de 1.098.581km² es relativamente pequeño. No tiene mar pero sí tiene parte de un lago – Titicaca – el lago navegable más alto del mundo, baja hasta la selva amazónica y sube a las cordilleras andinas.

Su población de 9.119,152 habitantes de los cuales el 55% son indios indígenas y hablan una variedad de lenguas – quechua, aymara y guaraní – además del castellano.

La parte administrativa se divide entre dos ciudades principales – la capital es Sucre y donde reside el gobierno es La Paz, que está situada a unos 3.640 metros de altitud y es la capital más alta del mundo. Es una república democrática con un presidente.

Siempre ha sido una nación de una riqueza natural inmensa. Históricamente las minas de Potosí y Oruro han producido la plata y el estaño y hoy en día el futuro está en el gas natural. El pueblo indígena siempre ha trabajado en las minas pero hasta ahora ha visto muy poco el fruto de sus labores. Por esto se conoce como uno de los países más pobres de América Latina.

Sin embargo recientemente el pueblo indígenase ha tomado control de su destino. Através de los sindicatos y mediante muchas manifestaciones, como las de la guerra contra la privatización del agua con el movimiento de la Pachamama en Cochabamba, ha logrado elegir a un presidente indígena y socialista.

4b Students do some further research on two of the themes from 4a and make notes. This kind of task is required as a basis for essay writing and for some of the oral tasks. The whole class could pool their notes and draw up an essay plan and answer the following questions:

They should use the following questions as prompts.
¿Cómo ha cambiado el sistema politico?   ¿Cómo influye la geografía sobre el país ?   ¿Cuáles son los grupos indígenas más influyentes?   ¿Cuáles son las industrias más importantes?   ¿Qué productos ayudan la economía?

España frente a Europa

Grammar focus

♦ Numbers
♦ Past tenses
♦ Subjunctive

Skills focus

♦ Reading for gist and detail
♦ Translating into English
♦ Responding in Spanish to text
♦ Listening for gist
♦ Translating into Spanish

Key language

el siglo;   surgir;   oscilar;   crecer;   cruenta; imborrable;   los hitos;   la herida;   un seguidor; la sombra;   dolido;   sepultar;   la matanza; borrar;   jamás

Resources

♦ Students' Book pages 96–97
♦ CD 3, tracks 4, 5, 6 and 7

1a Students read the paragraphs and complete them using the words from the box.

Answers:

1 *habían marcado;*	**2** *político;*	**3** *producirá;*
4 *ambas;*	**5** *dictadura;*	**6** *siguió;*
7 *morirse;*	**8** *dándoles;*	**9** *siendo;*
10 *liberarse*	**11** *heredero;*	**12** *falleció*

 1b Students listen and check their work.

P 96, actividad 1b

El siglo pasado........

A principios de los años 30 el extremismo y la violencia que **habían marcado** el siglo anterior <u>vuelven a surgir</u> y el péndulo **político** oscila bruscamente entre el liberalismo que busca la reforma religiosa y agraria y el conservatismo que la opone.

La tensión entre los extremos de la derecha y de la izquierda crece a tal punto que el 18 de julio de 1936 estalla la rebelión militar que **producirá** <u>la lucha más cruenta de la historia española</u>.

Con más de un millón de muertos, la persecución o exilio para otro millón más, <u>el recuerdo imborrable de las atrocidades por **ambas** partes</u> es lo que más que nada mantiene en el poder a la **dictadura** del generalísimo Franco durante 36 años.

España <u>se quedó al márgen de la segunda guerra mundial</u> y durante muchos años después **siguió** aislada de la reconstrucción europea.

En 1947 la Ley de Sucesión estableció <u>que al **morirse** Franco</u> la monarquía sería restaurada otra vez.

Tras varios años de negociación en 1953 España firmó un acuerdo de cooperación con EEUU **dándole** <u>derechos sobre sus bases</u> como Rota que aún sigue **siendo** una piedra en el zapato

Ciertos países africanos consiguieron **liberarse** del protectorado español en los años 50 y 60 pero todavía <u>falta por resolverse el estatutas de Melilla y Ceuta.</u>

> Por fin en 1969 Juan Carlos de Borbón y Borbón <u>fue nombrado</u> **heredero** de la corona y en noviembre de 1975 cuando **falleció** el general Franco fue proclamado Rey de España.

1c They translate the underlined phrases.

Answers:

rise up again; the bloodiest struggle in Spanish history; the indelible memory of atrocities on both sides; Spain remained on the edge of (alienated from) the Second World War; when Franco died; giving them rights over their bases; the status of Melilla and Ceuta has yet to be resolved; was named the heir (to the throne)

1d They find equivalent meanings for the phrases listed.

Answers.

1 *oscila bruscamente;*
2 *crece a tal punto;*
3 *más que nada;*
4 *y durante muchos años después;*
5 *sería restaurada otra vez;*
6 *sigue siendo una piedra en el zapato;*
7 *consigiuieron liberarse de*

 2a Students listen and match up the significant recent dates with a heading.

> P 96, actividades 2a y 2b
>
> 1976 – El Parlamento aprueba la Ley de Reforma Política y se forman las Cortes con dos Cámaras. A los trabajadores se les permite formar sus propios sindicatos.
>
> 1978 – Se convocan elecciones democráticas. La Nueva Constitución (aprobada por el 88% de los delegados) define España como monarquía parlamentaria.
>
> 1980 – El País Vasco y Cataluña son pronunciados Comunidades Autónomas.
>
> 1981 – El 23 de febrero tiene lugar el Tejerazo cuando un grupo de guardias civiles se apodera del Congreso tomando como rehenes a los diputados. La orden firme del Rey termina con el atentado y une al pueblo español bajo la democracia.
>
> 1986 – Bajo el gobierno del primer ministro socialista Felipe González hay un referéndum sobre las bases militares extranjeras de la OTAN – 52% a favor con un 40% en contra. Por fin el país entra en la Unión Europea.

> 1992 – Además del triunfo de los Juegos Olímpicos en Barcelona y la expo en Sevilla, la capital, Madrid, vive el año de la cultura europea y es allí donde se celebró el festival del Sefarad en la sinagoga central. Durante este festival, el rey pidió en nombre de su pueblo que se le perdonara la injusticia de la expulsión de los judíos.
>
> 1996 – cambio politico cuando el PP, Partido Popular, gana las elecciones y el país es gobernado por Aznar.
>
> 2004 – las tropas españolas son retiradas de la Guerra en Irak tras la elección del primer ministro socialista Zapatero que cumplía con su promesa electoral.
>
> 2005 – Ley de Matrimonio Homosexual. Tras ocho años de resistencia, el congreso aprobó por fin la legalización del matrimonio homosexual y se prevé que la equiparación sea total.
>
> 2008 – El siete de marzo, tres días antes de las elecciones nacionales, Isaías Carrasco, politico del partido socialista (PSOE) y de la ciudad vasca de Mondragón, fue acribillado cuando salía a trabajar. Una vez más el terrorismo ha tratado de influir sobre el proceso democrático igual al intentado del 11 de marzo de 2004.

2b They listen a second time and add two more facts about each heading. See transcript for details and answers.

3a Students read the text about 'The Last Battles of the Civil War' and translate it into English.

Possible translation:

The last battles of the Civil War

It's already more than 70 years ago now, but the wounds of the conflict which so managed and still manages to divide the Spanish people, are still as open as ever.

The new law of Historical Memory which forbids the celebration of the 20th November, Franco's death, or any public symbol dedicated to him has caused quite a lot of opposition from fascist groups and followers of Franco's memory. This law recognises for the first time the victims of the Civil War.

Recently a new video game called 'Shadows of War' which invites players to take part in the conflict either on Franco's Nationalists side or on the side of the defeated Republicans has come on to the market . The video game begins on the very same 20th November and the start date has caused outrage.

Relatives of the victims are very upset because as they themselves say "it's not an historical event buried way in the past, it's very recent and fresh in the collective memory of all Spaniards. The trivialisation of the killings and suffering and grief on the part of victims cannot be justified when we still haven't been able to reconcile ourselves with the past".

3b Students do some further research on the Spanish Civil War and write an essay imagining they were alive during the Civil War. How would they have reacted. On which side would they have fought – with the Republicans or the Nationalists?

4 Students read the text about Europe and give two reasons for and one against being part of the euro zone according to the text.

 5a Students listen to the interview and match up the two halves of each sentence.

P 97, actividad 5a

– Hoy hemos formulado la siguiente pregunta ¿Cuál es su actitud ante Europa? ¿Se siente usted europeo, más bien español o es usted verdaderamente regionalista y siente que su Comunidad está por encima de todo?

– Para mí Europa significa algo importante – me siento parte de un grupo grande y considero que es muy beneficiosa la ayuda mutua que se pueden prestar los países vecinos. Hoy me parece muy importante que haya una solución compartida, por ejemplo para el problema de la inmigración, que no es un problema de los países fronterizos, sino de toda la Unión, y todos debemos afrontar los problemas de manera conjunta.

– Pues para mí no es más que un nombre político que han dado a un grupo de países. Yo soy gallega, tengo mi propio idioma y mis costumbres – todo lo que significa Galicia se lleva en la sangre. Me siento gallega antes que española y en realidad no sé lo que es ser europea.

– Creo que hay que mantener un equilibrio bastante sensato entre el espíritu regionalista de cada persona y la identidad nacional y no olvidar los beneficios que aporta una entidad tan grande como Europa.

– Mira, la **Unión** Europa significa mucho más que todos estos prejuicios regionalistas o nacionalistas – parece que la gente vive en el siglo pasado. Hoy vamos todos con Europa en contra de los EEUU o de cualquier otra potencia mundial y hay que estar a favor de una política de defensa comunitaria.

– Y **ahora** que tenemos la Constitución y un presidente permanente elegido democráticamente se acabará con la farsa de nombrar a un nuevo presidente cada seis meses.

– El **problema** es conseguir un sistema de votación que guste a todos los países. Sobre todo cuando se trata de la Comisión, yo soy de la opinión de que cada país debe tener su voz y voto, pero los países más poderosos creen que con 15 miembros permanentes hay suficiente. Esto sí va a ser un punto clave y hay que resolver el sistema de los escaños de una manera justa para todos los países.

– Esto va a ser un problema pero no tanto como si se hace referencia a Dios y el cristianismo – a mi modo de ver en el mundo multicultural de hoy es mejor dejar a Dios fuera. De lo contrario habría que referirse a todas las religiones y credos.

Answers:

1 *d*   **2** *e*   **3** *b*   **4** *a*   **5** *c*

5b Students read the brief text and match it up to one of the opinions just heard.

Answer:

2 e

5c In pairs, students discuss their reaction to the last opinion and write their own response to it.

6a Students read the text on the expansion of the European Union, and find equivalent words and phrases for the list given.

Answers:

1 *ampliación;*
2 *borra;*
3 *guerra fría;*
4 *realiza un sueño;*
5 *jamás en los anales de la historia;*
6 *el imperio de la ley;*
7 *la soberanía compartida;*
8 *la liquidación de*

6b Students translate the sentences into Spanish, basing their language on what they have just read.

Answers:

1 *Este es un momento clave en la historia de nuestro país.*
2 *No solo marca el día cuando triunfó la democracia sino también cuando se liquidaron las barreras.*

3 *Los quince estados originales se convirtieron en una comunidad de veinticinco.*

4 *La bases de esta soberanía compartida es el imperio de la ley democrática.*

5 *El siglo veinte se conocía por sus divisiones y la lucha civil.*

6c Students then translate the whole text into English.

Possible answer:

The 1st of May is a key date in the history of Europe. It marks the moment of enlargement when ten states joined the original fifteen. Not only does it erase the boundaries of the Cold War but it also sees the fulfilment of a democratic free market dream – it establishes definitively the values which symbolise Europe.

Never in the annals of time during the history of Europe have so many people lived in peaceful, democratic conditions under the rule of law based on shared sovereignty of the European Union. It symbolises the end of a terrible twentieth century of fratricidal wars and barriers of separation.

7 Students listen to the discussion and note whether each person is for or against the enlargement or if they are undecided.

P 97, actividad 7

1 Pues, ante todo me considero europeo aferrado al ideal de una comunidad europea. Me parece no solamente lógico sino también práctico que los países contiguos se unan en un mercado común, que se protejan y se cuidan los unos a los otros y por esto es necesario tratar de formular principios y luego leyes que todos debamos respetar. Nunca será posible que todos tengamos la misma opinión pero en una familia grande siempre hay que dar y recibir algo – se llama flexibilidad.

2 De acuerdo, de acuerdo, pero ¿hasta dónde, me pregunto yo, va a extenderse esta familia de la que hablas con tanto cariño? ¿Tú crees que es posible incluir a todos los países? Hay que poner un límite, pero no sé dónde.

3 Límites, límites ... para mí no existen límites. Estábamos muy bien antes – con 15 países miembros era más fácil dialogar y tomar decisiones. Ahora con 25 me parece una locura – va a haber discusiones y riñas como en todas las familias y va a ser imposible llegar a un acuerdo para todos – ya veréis, ya veréis ...

---

4 Además van a llegar grandes cantidades de personas y nos van a robar nuestros empleos – o los pocos que hay para nosotros – y esto me parece muy mal. ¿Cómo es posible que un polaco, por ejemplo, se entienda con un chipriota cuando son tan distintos de carácter y etnia? Para mí la ampliación significa el fin de lo que era una idea bastante buena.

5 No puedo creer lo que estoy oyendo. Precisamente es el entendimiento entre esas diferencias lo que se espera como resultado de esta cooperación para que el mundo sea una entidad más pacífica, para que los países europeos vivan en concordancia sin separaciones artificiales como el muro de Berlín. ¿No comprendes que estas divisiones artificiales refuerzan los conflictos? Construir un muro como el que están haciendo en Palestina hoy por hoy es absurdo – en ningún casa ayuda a mejorar la situación.

6 Ay, yo no sé – me parece que la gente nunca aprende nada de la historia, pero por otro lado entiendo, lo que quieren decir, con eso de que hay que poner los límites – a mi modo de ver, es un problema bastante difícil de resolver. No sé ... creo que es imprescindible preguntarse si el poder europeo – la soberanía que compartimos – es suficiente y adecuado para afrontar los desafíos internos y externos que se presentan.

Answers:

1 *a favor;*   **2** *no sabe;*   **3** *en contra;*
4 *en contra;*   **5** *a favor;*   **6** *no sabe*

8 Students undertake some further research about the EU. They then write a few sentences giving their own opinion about the EU. Some questions which they should find information for include:
¿Cuántos países hay actualmente?   ¿Qué países han adoptado al euro?   ¿Qué es la nueva constitución y qué significa para la comunidad?   ¿Por qué tienen que ratificarla todos los países de la comunidad?

Costumbres, tradiciones y fe religiosa

Grammar focus

♦ Working with a variety of tenses

Skills

♦ Listening for gist and detail
♦ Discussion tactics

- Researching information
- Making notes under headings
- Reading for gist and detail
- Translating into English and Spanish

Key language

celebrarse; el carpintero; el cartón; la madera; quemar; aplastado; la cinta; el lugar; destacarse; el eje; sustentar; prevalecer; la fe; no cabe duda; atardecer; sobrevivir; sea como sea; cotidiano

Resources

- Students' Book pages 98–99
- CD 3, tracks 8 and 9

1a Students listen to the descriptions of festivals and identify each one.

P 98, actividades 1a y 1b

Dejando aparte las fiestas claramente religiosas de Navidad y Semana Santa, muchas fiestas en Latinoamérica son una mezcla inseparable de la religión católica y las creencias precolombinas – un cóctel difícil de entender.
1 Tal vez **el doce de octubre** – comemorado por las tierras hispánicas por ser el día en que Cristóbal Colón llegó a las Américas, es la fiesta menos religiosa de todas porque en muchas partes hay desfiles de las fuerzas armadas en vez de fiestas populares.
2 El Día de los Muertos – **el dos de noviembre** – se celebra con los mejores ejemplos en México y Guatemala. La víspera del Día de Todos los Santos (hallowe'en) se celebra en Estados Unidos.
3 Como las fiestas de Santa Cruz de Tenerife, Cádiz o Sitges en España, en muchos países latinos se celebra **el Carnaval** – en Barranquilla (Colombia) y en Oruruo (en Bolivia) hay fiestas que duran muchas horas. Hay diablos y arcángeles y miles de bailarines, bailarinas y músicos que pasan en desfiles interminables sin cansarse mientras que los espectadores se tiran globos de agua o maizena.
4 Las **reinas de belleza** abundan en todos los países latinoamericanos y hay reinas para todo – reina del café, del petróleo …
5 En **septiembre** comienza la primavera en el cono sur y durante cuatro días **Chile** celebra el **día nacional de la independencia – el 18**. La gente baila

---

feliz, come empanadas y juega a la cueca. Costa Rica celebra su independencia el quince del mismo mes.
6 **El Inti Raymi se celebra el 24 de junio en Cuzco, Perú.** Es la fiesta del sol y data desde el tiempo de los Incas. Hoy día se escogen actores de los pueblos cercanos que bailen y practiquen los rituale antiguos, vestidos con trajes espléndidos.

1b Students listen again and answer the questions.

Answers:

1 *muchas fiestas en Latinoamérica son una mezcla inseparable de la religión católica y las creencias precolombinas*
2 a *el 18 de septiembre   Chile   4 días   bailar juegar a la cueca*
   el 15 de septiembre   Costa Rica
  b *el 2 de noviembre   México y Guatemala*
  c *el 24 de junio El Inti Raymi   Cuzco, Peru actors de los pueblos cercanos que bailan y practican los rituals antiguos, vestidos con trajes espeléndidos*
  d *[antes de Cuaresma] Santa Cruz de Tenerife, Cádiz o Sitges en España, en muchos países latinos; en Barranquilla (Colombia) y en Oruruo (en Bolivia)   Hay diablos y arcángeles y miles de bailarines, bailarinas y músicos que pasan en desfiles interminables sin cansarse mientras que los espectadores se tiran globos de agua o maizena.*
  e *el doce de octubre   el día en que Cristóbal Colón llegó a las Américas   desfiles de las fuerzas armadas*
  f *muchas fiestas   en Latinoamérica   reinas de todos especios de produjos*

2a Students read the texts about fiestas in Spain.

2b They discuss in pairs whether they think these are traditional or modern fiestas or if they have elements of both. They use the headings and key phrases to help them.

2c Students listen to the opposing opinions and decide which is the most applicable.

P 98, actividad 2c

La Tomatina
1 La Tomatina no tiene una historia muy larga, pero es más participativa que otras fiestas. Es una fiesta moderna que caracteriza lo mejor de las fiestas típicas de España.

---

2 La Tomatina es una fiesta muy reciente que atrae a turistas más que a miembros de la comunidad. Es una fiesta inventada y organizada por el ayuntamiento. No tiene nada que ver con las fiestas tradicionales.

Las Fallas

1 Las Fallas tienen su origen en la tradición, pero hoy se organizan para atraer a turistas. Muchos valencianos se van de vacaciones para evitar las fiestas.

2 Las Fallas son el paradigma de la fiesta española. Tienen sus raíces en la religión y la historia, pero hoy combinan la participación de la comunidad con la presencia de un gran número de turistas.

La Vaquilla

1 Las fiestas como la Vaquilla no tienen futuro. La comunidad ya no participa en las actividades año tras año. El ayuntamiento subvenciona la fiesta como espectáculo para atraer a turistas.

2 Las auténticas fiestas son como la Vaquilla: siguen siendo igual cada año, con la participación de miembros de la comunidad, festejando su identidad local y su historia.

2d They then write an explanation about why they think each one is modern or traditional.

3 Students do some further research about fiestas and traditional occasions in Spain or Latin America for each month of the year. Then they choose one and write a short paragraph, mentioning the topics listed.

4a Students read the text and translate the underlined sentences into English.

Answers:

stands out for its diversity;   the family still reigns supreme in people's hearts;   is prevalent most of all in the elderly;   as much the building as the faith; there's no doubt at all that the Gordo (big fat one); until the moment for the traditional evening walk to get fresh air and let your dinner go down;   run the risk of becoming international events and not typically Spanish;   although tourism has had a big impact on daily life.

4b Students translate the sentences into Spanish, basing their answers on what they have read.

Posssible answers:

1 *La familia forma la base de la sociedad española y se considera el aspecto más importante de su vida según todos los españoles.*

2 *Sin embargo es de sorprenderse que la tasa de natalidad haya bajado tanto en España.*

3 *La iglesia siempre ha predominado sobre la vida española pero ahora solamente prevalence entre la terecera edad.*

4 *Todo el mundo anticipa las reuniones familiares y sobre todo el Gordo de Navidad.*

5 *La gente se ha puesto bastante cínica en cuanto a fiestas tradicionales y costumbres y a menudo acusan de haberse comercializado demasiado para los turistas.*

4c Students look for connectives in the text and decide whether they add information or contrast ideas. They consider how the main theme is presented in the introductory paragraph and summarised in the concluding paragraph.

4d Students research about the La Tuna and give an oral presentation about it

5 Students follow the guidelines and write an imaginary account, making sure they use the preterite and imperfect tenses.

¡Atención, examen!

Gramática

Grammar focus

♦ Past tenses

Resources

♦ Students' Book pages 100–101
♦ CD 3, track 10
♦ Copymasters 44, 45

Take students through the revision of the use of past tenses and develop their understanding, using the material given.
Students then carry out the various exercises.

A Students indicate the tenses used and explain the difference between the alternatives offered.

Answers:

1 *Es* = present tense / *era* = imperfect (is, therefore still is / was – has now changed)

2 as above

3 *está migrando* = present continuous / *ha migrado* = perfect tense (in the process of / has already migrated)

4 *viven* = present / *vivía* = imperfect (percentage now living / percentage that used to live)

5 *propuso* = preterite / *ha propuesto* = perfect
(proposed the measure at some time in the past
/ has suggested doing it but has not yet decided)

6 *saldrán* = future / *salieron* = preterite
(the protest is yet to take place / has already taken
place)

7 *dimitió* = preterite / *ha dimitido* = perfect (he
resigned some time ago / has just done so)

8 *se volvió* = preterite / *se volverá* = future
(something that happened in the past / will
happen)

B Several grammatically consistent solutions are
possible. Students will discover if their predicted
answers match the real answers in the listening
activity C.

 C Students listen and note each tense used.

Answers:

1 *es;*	**2** *era;*	**3** *ha migrado;*
4 *viven;*	**5** *propuso;*	**6** *salieron;*
7 *dimitió;*	**8** *se volverá .*	

P 100, actividad C

Bolivia es el país más pobre de América del
Sur. Una tercera parte de la población vive
con menos de 2 dólares al día.

Bolivia era un país rural, pero la población ha
migrado a las ciudades en busca de trabajo y
hoy casi dos de cada tres bolivianos viven en
la ciudad donde tienen que competir cada vez
con más personas por los cada vez más
escasos puestos de trabajo.

El gobierno propuso exportar los recursos
petroleros del país y miles de campesinos y
mineros salieron a la calle a protestar contra
la venta del patrimonio nacional a
corporaciones extranjeras.

Como consecuencia, el entonces presidente
dimitió y buscó refugio en Miami. El
vicepresidente ha prometido un plebiscito en
el verano que permitirá decidir si el país debe
exportar el gas natural o si el gobierno debe
hacerse cargo de la industria petrolera.

Esa situación política y económica se volverá
más crítica con la propuesta de incorporar el
país a la Zona de Libre Comercio de las
Américas.

Las prioridades de los más necesitados son
otras: asegurar una nutrición adecuada,
mejorar los servicios de salud y educación,
fomentar las pequeñas empresas, apoyar a la
democracia y el respeto de los derechos
fundamentales.

D Students put the sentence into reported speech

Answers:

1 *Dijo que quería verme.*

2 *Dijeron que esperaban salir pronto.*

3 *Dijeron que tenían la intención de jugar al tenis
más tarde.*

E Students explain the difference between the two
sentences.

Answers:

estaba rota	adjective describing state of the window
fue rota	perfect tense, passive – action in past

F Students translate the sentences into Spanish.

Answers:

1 *La gente siempre se ha preocupado acerca de la
ampliación de Europa.*

2 *No quiso hacer más investigación sobre Europa.*

3 *Mis padres pensaron que ya era hora de que
decidieramos sobre el euro.*

4 *Solían llamar a la Unión Europea la Comunidad
Europea Económica.*

Técnica

Students read the general advice and the examples in
A–D, and they complete the tasks 1–5.

1 Students look back over the longer texts in the
unit and decide what type of writing they represent:
creative, discursive, prompted, research-based. Next
they look at the writing tasks in the unit and decide
which of the bulleted points they reflect.

2 Students go back to the writing tasks which they
completed. They look at the plans they made and
consider how they could have improved each plan.

3 Students read the text on page 87 about Spain
and the Spanish way of life.
They analyse the text and identify its plan, main
themes, sentences with complex language structure.

4 Students revise the unit. For each different
subject covered they write down a few sentences in
Spanish which they could use as examples to
illustrate the main idea or point stated in the texts.
For example: the Civil War – *un período
controvertido en la historia del país*

5 Students read the sentences based on material in
this unit and correct the deliberate grammatical
mistakes.

Answers:

1 *quisieron* – needs plural verb / *al continente* masc. noun / *sudamericano* – agreement and spelling / *español* agreement

2 *fueron* – tense / *europeos* – noun and lower case / *nacieron* – tense / *Latinoamérica* – capital letter and accent

3 *siguió* – singular verb / *tal forma* – singular / *hasta alcanzar* / *cuarta* / *americanos* – agreement

4 *líderes* – needs accent / *latinos* – agreement in plural / *están siguiendo* – present continuous

5 *España* – noun country / *dividió* – preterite / *fue* / preterite / *duraderas* – agreement

A escoger

Grammar focus

♦ All grammar covered in the unit

Skills focus

♦ Listening for gist and detail
♦ Researching a topic
♦ Reading and summarising a text
♦ Discussion tactics
♦ Essay writing and answering questions

Key language

implicar; el tamaño; la cohesión; el desinterés; merecer la pena; de ciegos; ignorar; los comicios; gigantesco

Resources

♦ Students' Book page 102
♦ CD 3, tracks 11 and 12

 1 Students listen to the discussion and use the questions to discuss what they think about what they have heard.

P 102, actividad 1

– Aquí en España gozamos de una historia multicultural única en Europa y sin embargo, o somos bastante ignorantes o escogemos desconocerla, porque no queremos aceptarla. Sea como sea, creo que es importante que el pueblo sepa mucho más de sus raíces y que aprecie sus orígenes si queremos crear una sociedad tolerante e inclusiva.

– Pues, yo creo que tengo suficientes problemas con buscar empleo y mantener mi nivel de vida y no me interesa nada la historia de mi país. Sólo me interesa el futuro.

– Precisamente por eso eres vulnerable a los atavismos y estereotipos sociales falsos que promulgan los medios. Por ejemplo, mucha gente habla mal de los "moros" o de los "judíos", sin pensar que a lo mejor cada uno de nosotros tenga ancestros moros o judíos, puesto que todos convivimos en el país durante muchos años y dependimos mucho de ellos.

– ¿Cómo dices? Temo que no haya mucha gente que esté de acuerdo contigo ni que le guste esa idea.

– Mira, es obvio. Los judíos formaron parte de la sociedad española durante siglos y siglos y gestionaban la economía y justo en el momento en que más se les necesitaba, fueron expulsados por razones de intolerancia religiosa.

– Tienes que explicarte mejor – no entiendo lo que quieres decir con eso.

– Bueno, en agosto de 1492 la Santa Inquisición anunció la expulsión de todos los judíos si no se convertían, en seguida a la fe católica, y unos dos o tres meses más tarde Colón descubrió las Américas y toda su riqueza. Precisamente expulsaron a los que sabían gestionar la economía con destreza cuando se llenaron los cofres de oro y, claro, el resultado fue desastroso – un despilfarro total en guerras y expansionismo colonial hasta que España se quedó casi en la bancarrota …

– Exageras un poco, pero entiendo lo que dices. Pero ahora explícame lo de los moriscos.

– Fácil. También permanecieron miles de años, desde 711 hasta 1521, cuando otra vez en nombre de la religion católica se les prohibió leer y escribir en árabe y practicar su propia religión, el Islam, pero no fueron expulsados hasta 1609. ¿No ves las joyas de edificios por todas partes del país? Son la parte obvia de su herencia cultural, pero también trajeron conocimientos de matemáticas, tecnología, medicina y alimentos; su poesía antigua es admirable e influyó mucho. En fin, si no fuera por los árabes del norte de África – los que hoy llamamos magrebíes – Europa se hubiera quedado en la edad de las tinieblas durante quién sabe cuánto tiempo más.

– Me encanta oírte hablar con tanto entusiasmo – de verdad es un tema fascinante, sobre todo cuando veo los edificios únicos como la Alhambra o la mezquita de Córdoba además del anfiteatro romano de Mérida y la sinagoga de Toledo ...

– Exacto, y cada raza dejó su huella tanto en la comida como en toda la vida diaria pero ninguna tanto como los moros. Lo que pasa es que la intolerancia religiosa creció hasta tal punto con la Inquisición que terminó expulsando a todos. Hoy día hay tanto odio larvado durante años, que me parece imprescindible exponer la otra cara de la moneda, para que podamos apreciar lo verdaderamente multicultural que es nuestro país.

2 Students research one of the Autnomous Regions of Spain and write about 250 words using the headings given as a guide.

 3a Students listen to the discussion and complete the sentences.

P 102, actividades 3a y 3b

El profesor: ¿Cuáles creéis que van a ser los temas más importantes del debate sobre Europa cuando estemos listos para votar en el referéndum? Mirén, comienza tú.

Mirén: Bueno, para mí será más bien el asunto del medio ambiente porque creo que es algo que nos afecta a todos y es algo que tenemos que decidir en conjunto con el resto de países europeos. Si hablamos con la voz de Europa entera entonces hay más

probabilidad de que un país como EEUU nos haga caso y empiece a tomar en serio los problemas que son ya tan evidentes.

– Y tú, Pepe, ¿estás de acuerdo?

Pepe: Pues sí, pero aún más importante, en mi opinión, es el comercio y la libre circulación de mercancías porque afecta a mi trabajo. Ahora que se ha ampliado el mercado potencial tengo que aprovechar la situación y abrir mis horizontes hacia los nuevos países que acaban de incorporarse. Además la libre circulación de personal también me interesa porque implica que puedo trabajar con más facilidad en cualquier parte de Europa.

– Me gusta tu interés. Alicia, ¿a ti también te interesa?

Alicia: A decir verdad, no. No me interesa mucho el debate pero sé que tarde o temprano me va a afectar así que debería

---

interesarme. Hasta cierto punto, si he entendido bien, será interesante ver cómo afecta a las Comunidades Autónomas y a las lenguas minoritarias porque soy catalana y, claro, siempre he hablado catalán y creo que es sumamente importante conservar las lenguas regionales porque son como la sangre vital del pueblo.

El profesor: ¡Muy bien dicho! Me ha encantado oírte decir esto.

un otro joven: Y tú, profe, ¿qué piensas?

El profesor: Ajá – yo, yo ... no sé qué deciros ... No sé cuál de los dos asuntos me preocupa más: si el de la política agrícola – porque mi familia vive del campo y afecta a lo que se produce allí – o el transporte, que es y va a ser un aspecto muy importante para nosotros los españoles. Si logramos construir el eje mediterráneo del AVE hasta Tolosa y Avignon, y si logramos hacer otro túnel como el de Somport que nos una por ferrocarril a Francia, pienso que significará mucho pero muchísimo para nuestro país. Además hay que pensar también en la posibilidad del túnel a Marruecos que ya se empezó a explorar – quizás mis ojos no lo verán pero vosotros sí veréis el viejo continente de Europa unido a África y entonces España será otra vez el puente entre múltiples culturas – el crisol de antaño.

Mirén: Entonces, todos estamos de acuerdo en cuanto a la importancia de registrar el voto en el referéndum, ¿no?

Answers:

1 *el medio ambiente es el tema más importante.*
2 *concuerda con la de miren pero también cree que el comercio sera un tema importante.*
3 *será interesante ver como la Nueva Constutución afecta a las CCAA.*
4 *la política agrícola y el transporte van a ser los asuntos más importantes.*
5 *en cuanto a la importancia de registrar el voto.*

 3b Students listen a second time and explain in their own words the statement: "The construction of Europe does not necessarily imply the destruction of Spain."

4a Students read the text and summarise it in Spanish. They should include the topics listed.

4b They discuss the underlined sentence and decide how important it is to them to vote.

5 Students write about 250 words on how they would like the EU to be in the future. They use the questions as prompts.

Repaso Unidad 9

Grammar focus

♦ All tenses
♦ The subjunctive in value judgements

Skills focus

♦ Reading for gist and detail
♦ Listening for detail
♦ Translating short sentences
♦ Expressing opinions orally and in writing
♦ Responding in Spanish to recordings

Key language

el imperio; florecer; emprendedor;
la devolución; ahondar; antaño

Resources

♦ Students' Book pages 103–104
♦ CD 3, tracks 13, 14, 15 and 16

1   Students read the text and answer the questions.

Answers include:

1 *que ha tenido un impacto mundial*
2 *porque había gente de muchos otros países que aventuraron al Nuevo Mundo.*
3 *porque expulsó precisamente a la gente (los judíos) qui iba a necesitar y que hubieron sido una gran ayuda y muchos otros emigraron dejando a España muy abandonado.*
4 *la lengua y el dominio.*
5 Students give their own opinions.

 2   Students listen to a group of Spanish people talking about Latin Americans. They answer the questions in English and paraphrase what is said and decide how favourable the opinions given are.

> P 103, actividad 2
>
> – Vamos a hablar un poco sobre los vínculos que existen entre nosotros los españoles y nuestros hermanos los latinoamericanos.
> 1 A mí me encanta la idea de ser pariente de alguien que vive allí y estoy trazando mi árbol genealógico para ver si hay algún primo o tío a quien podría visitar porque quiero viajar y conocer el continente.
> 2 Ya pero hay tantos problemas en algunos de esos países, que no sé si me gustaría ire. No me importa si ellos quieren venir

> aquí como los tantos ecuatorianos y colombianos que han llegado en estos últimos años.
> 3 Lo que pasa es que nosotros explotamos a los pueblos indígenas y aún queda bastante resentimiento, creo, y además, hubo un período después de la Independencia cuando no hubo cooperación ninguna.
> 4 Pues sí, pero muchos de nosotros fuimos allá a buscar aventuras y riquezas, sobre todo cuando España pasaba un mal rato y ahora me parece lógico que haya muchos que quieren volver aquí porque consideran España como a su país madre.
> 5 Hasta cierto punto, pero ya somos todos países desarrollados y no nos podemos quedar en el pasado. Hay que pensar en el futuro y yo creo que el futuro es para un pueblo hispano junto y mezclado. Somos un poder enorme cuando se considera el número de hispanohablantes y la riqueza de los países latinos. España puede servir como puente importante entre los países latinoamericanos y el resto de Europa, y los latinos también lo serán para enlazar Europa con los Estados Unidos.

Answers should include:

remarks are mostly favourable;   some would like to visit Latin America others are not against Latinos coming to Spain;   fact that Spanish speakers could act as a bridge between Europe and USA.

 3   Students listen to the opinions about Europe and answer the questions.

> P 103, actividad 3
>
> – A ver lo que opináis sobre la Unión Europea – primero vais a considerar las ventajas de pertenecer a tal unidad.
> 1 Pues yo creo que es algo inevitable dada la globalización actual y es mejor estar en un grupo grande que aislado y luchando a solas – ¿no os parece?
> 2 Estoy de acuerdo, pero a mi modo de ver estamos procediendo demasiado rápido – vamos en tropel y no pensamos bien en el porvenir ya que somos un grupo mucho más grande que antes. Hay que construir el conjunto poco a poco para que se desarrolle de una manera sólida.
> 3 Lo que pasa es que hay unos países más pobres que los otros y naturalmente necesitan más apoyo. Los países que han estado dentro de la unión más tiempo no quieren darles más fondos porque significa

> que ellos perderán y todos son bastante egoistas.
> 4 A mí me gusta la idea de poder trabajar en cualquier país europeo – solamente tengo que saber hablar el idioma y encontrar algo que me proporcione suficiente para vivir.
> 5 Yo no creo en una Europa federal. Me parece importante que cada cual mantenga su identidad y sistema individual de gobierno. En cambio me parece lógico que haya una sola moneda y un solo sistema monetario.
> 6 Bueno, a fin de cuentas hay concordancia sobre muchos aspectos pero aún quedan otros pocos a resolver, me parece.

Answers should include:

1 *Es mejor estar en un grupo grande: trabajar libremente; una sola moneda.*
2 *Todo se desarrolla demasiado rápido; hay muchos paises; egoísmo de los más viejos; sistema federal no es bueno; unos paises más pobres que otros.*
3 *Hay bastante acuerdo sobre muchos aspectos pero aún quedan otros a resolver.*

4 Students read the text about the Mapuche Indians and answer the questions.

Answers should include:

1 *Porque quieren que les devuelvan sus tierras.*
2 *Tuvieron que luchar contra los conquistadores y siguen luchando.*
3 *Les quitaron sus tierras.*
4 *Piden autogobierno.*
5 *Grandes empresas como la de maderenas que quieren quitarles aun más tierra.*

5a Students read the report about the march against FARC.

5b Students find synonyms for the words listed.

Answers:

logro/éxito la motivación/el motor un día/una jornada tomar parte en/participar en indica/demuestra debildad/fuerza la vejez/ la juventud mayores/menores última/primera cariño/odio

 5c Students listen to another report about the same march and take notes. They identify five discrepancies.

> ### P 104, actividad 5c
> Ayer el **día 5 de febrero,** fue un día que pasará a la historia gracias a unos **mayores** dedicados, Colombianos en todos los

> rincones del **mundo se sentaron** en la calle para **enviar** un **saludo cordial** a las Fuerzas Aramadas Revolucionarias Colombianas de no más **secuestros** – no más muertes – no más FARC. Fue una reacción espontánea sin **recurso ni a Internet ni a ningun portal tampoco – nadie necesitaba su portátil** para demostrar su rechazo total al terror y a la guerrilla.

Answers in bold in the transcript

5d Students write a summary of no more than 100 words in English following the prompts.

 6 Students listen to the report about Pinochet and they answer the questions in Spanish using complete sentences.

> ### P 104, actividad 6
> Tras su arresto londinense de 15 meses, el ex dictador, de regreso en su país se enfrentó a más de 50 querellas por asesinatos, torturas y desapariciones. Sin embargo al final, el general Augusto Pinochet se libró de la cárcel gracias a un grupo de expertos que le declararon aquejado de "ligera demencia" y varias triquiñuelas jurídicas tramadas por los mismos.
>
> No obstante, debido a la insistencia del juez, Juan Guzmán Tapia, los chilenos ya saben que en su país se puede hacer justicia en nombre de los miles de víctimas de la dictadura. Durante el juicio se ha encontrado con ejemplos insólitos de crueldad; hombres aparentemente normales, simples soldados capaces de cosas abyectas y repugnantes. Aún quedan muchos responsables por juzgar, pero este juez por lo menos declara que esta larga historia no le ha vuelto cínico ni desilusionado. Al contrario, cree más que nunca en el hombre y la justicia.

Possible answers:

a *El general fue arrestado / le arrestaron al general / detuvieron al general.*
b *Unos expertos dijeron que sufrían de demencia moderada.*
c *Insistía que fuera juzgado.*
d *Descubrió muchos ejemplos de crueldad.*
e *Simboliza el triunfo de la justicia.*

7 Students read the text and explain the meaning of the terms in English

8 Students look for information on the Zapatistas in Mexico. They write notes on the topics listed.

Stretch and Challenge

1 Tierras cosmopolitas

Resources

Students' Book page 105
CD 3, track 17

 1a Students listen to the report and answer the questions.

Answers:

1 *en el norte de África*
2 *12 kilómetros cuadrados;*
3 *se encuentran cuatro religiones*
4 *la ciudad es la imagen de la misma calma y un modelo de harmonía multicultural*
5 *la inmigración ilegal y el contrabando comercial*
6 *numerosas avalanchas catastróficas de subsaharianos*

P 105, actividades 1a y 1b

En un saliente rocoso del norte de África se ubica Melilla, una ciudad española como no hay otra. En 12 kilómetros cuadrados, separados de Marruecos por una peligrosa valla de seis metros de altura, se encuentran cinco siglos de historia y cuatro religiones en la llamada ciudad de las cuatro culturas, como se autodenomina aludiendo a la convivencia de cristianos, musulmanes, hebreos e hindúes. Dentro de la valla, la ciudad es una imagen de calma y un modelo de harmonía multicultural, pero seis metros de alambres de púas intentan – sin mucho éxito – detener la inmigración ilegal y el contrabando comercial que a través de los años ha resultado en numerosas avalanchas catastróficas de subsaharianos en busca de una vida mejor.

1b Students listen again. They identify the Spanish words or phrases with equivalent meanings to the English words listed.

Answers:

1 *como no hay otra*
2 *en la llamada ciudad*
3 *se autodenomina*
4 *aludiendo a*
5 *una imagen de calma*

6 *alambres de púas*

2 Students choose one of the themes and write an imaginative or factual essay of 250–270 words. The prompts are there in case they need some help.

3 Students read the text and answer the questions orally.

Answers:

1 *homofobia*
2 *recorrerá 1554 kilómetros de la provincia con su programa*
3 students' own words
4 students' own words

2 El crimen y el castigo

Resources

Students' Book page 106
CD 3, track 18

1a Students listen to the monologue "Diario de un preso" and answer the questions.

P 106, actividades 1a y 1b

Mi afán por renovar mi vestuario gratis cada vez que tenía la ocasión me ha costado mi trabajo en Pepe Jeans, Sanchinarro. Tan sólo tres semanas me ha durado … Finalmente pasó lo inevitable: me pillaron.

Defraudé a todos los que estaba a mi alrededor, mi familia, amigos, compañeros de trabajo con la correspondiente denuncia por hurto y estafa que vino detrás.

Así, sin haberlo planeado, pasé del lunes al miércoles en los calabozos de la Guardia Civil: unos agujeros chiquititos y asquerosos donde metían hasta 20 personas. Luego, el jueves me lo pasé enterito en los juzgados de la Plaza de Castilla.

Ahora ya estoy en casa, reflexionando sobre todo lo que pasó, aliviado de tener a mis padres cerca …

Para seros sincero, en ningún momento pensé en qué iba a ser de mí, sino en lo que estaría ocurriendo en el exterior: cómo estarían mis padres, mi abuela y Sofía. Lo cierto es que es a estas personas a las que quiero pedir perdón. Lo siento de corazón.

> Esta situación me ha servido para darme cuenta de que no siempre puedo salirme con la mía, de que la gente no es tonta y que no todo sale como queremos y, sobretodo, que existen los buenos amigos y los que no lo son tanto.
>
> Y termino mi reflexión diciendo que no me arrepiento de nada de lo que he hecho, porque me ha servido para aprender y madurar un poquito más, aunque nunca volveré a hacerlo: tras los tres peores días de mi vida en celdas que olían fatal, con gentuza de barrios bajos que pegaba a su mujer, atracaba, mataba o violaba, yo he aprendido mi lección.

Answers should include:

1 *su afán de renovar el vestuario gratis*
2 *Son pequeñas y desagradables, meten hasta 20 personas*
3 *Lo pasó en los juzgados*
4 *Tiene a sus padres cerca.*
5 *Quiere disculparse de corazón.*
6 *Gentuza de barrios bajos como maridos que pegaban a su mujer, atracadores, violadores o asesinos*

1b Students listen again and and identify the Spanish for the English expressions listed.

Answers:

1 *me pillaron*
2 *denuncia por hurto y estafa*
3 *los calabozos; celdas*
4 *aliviado de tener a mis padres cerca*
5 *salirme con la mía*
6 *gentuza*

2a Students write an account of the youth's experience. They should include the topics listed.

2b Students imagine and describe the youth to a partner by answering the questions.

3 Class discussion on youth crime.

4a Students read the text on the woman on trial for murder. They identify who expresses the opinions a–e.

Answers:

a Sara   b Marcelo   c Graciela
d Gracielo   e Marcelo

4b Students discuss the case. Was the woman a victim, an assassin or was she acting in self-defence? They should justify their opinions.

3 La riqueza la pobreza, y el desempleo

Resources

Students' Book page 107
CD 3, track 19

1 Students translate the article into Spanish.

Possible translation:

Según un studio llevado a cabo por la ONU, las 500 personas más ricas del mundo ganan más que los 416 millones de individuos más pobres.

Aunque la pobreza extrema de menos de un dólar por día ha disminuido, el 40% de la población mundial vive con poco más de dos dólares al día. Por cada dólar invertido en la lucha contra la pobreza, 10 se gastan en armas de fuego.

Noruega continúa siendo el país más desarrollado del mundo.

2a Students listen to the four opinions expressed. They read the statements (a–h) and decide whose point of view they describe.

> **P 107, actividad 2a**
>
> 1 Es indignante que 500 individuos posean la mayor parte de la riqueza de este planeta. ¿A qué viene tanta codicia?¿no se cansan de tenerlo todo?¿por qué no lo donan altruistamente, en vez de construir megaedificios y megamonumentos para pasar a la posteridad?¿tanto afán de protagonismo tienen? ¡Qué asco!
> 2 Es vergonzoso y es injusto pero debemos tener en cuenta que este tipo de noticias siempre están un poco manipuladas, porque se vive mejor con 2 dólares al día en Ruanda que con 22 en España debido a los tremendos costes de alquiler o compra de vivienda y alimento.
> 3 Me parece patético, e hipocresía pura y barata. Ni tengo culpa de lo que pasa en el mundo Ni puedo darles de comer a todos los refugiados y personas que pasan hambre en el mundo. Yo no pienso sacrificar nada de mi nivel de vida que me ha costado conseguirlo a pulso. ¡Hasta tuve que emigrar para conseguirlo!
> 4 ¡No es de extrañar que no dispongan ni de bicis para evacuar a tiempo a la gente y tengan que sacar el agua a cubos ... Sin embargo, para matar sí que están bien preparados!

Answers:

1 *c, h*   **2** *e, b*   **3** *a, d*   **4** *f, g*

2b Class discussion on the distribution of wealth as developed in the text of Exercise 1. Students put forward their ideas and defend them. They could use ideas from the previous exercise.

3 Students read the text and fill the gaps using the words listed. Some words in the list are superfluous.

Answers:

1 *catálogo*   **2** *apoya*   **3** *acentúa*
4 *herramienta*   **5** *cooperación*   **6** *empobrecidas*
7 *entidades*   **8** *mercados*   **9** *laborales*
10 *sostenible*   **11** *sello*   **12** *criterios*
13 *sean*   **14** *mujeres*   **15** *dignas*
16 *infantil*

4 La energía y la contaminación

Resources

Students' Book page 108
CD 3, track 20

1a Students read the article and decide on a title that would be pertinent.

1b Students read the article again and find synonyms and antonyms for the words listed.

Answers:

ascenso / crecimiento
contraproducentes / deficientes
contrariedad / inconvenientes
desechos / residuos
concentración / densidad
mejorado // deteriorado
perfecta // deficiente
abundancia // pobreza
desaparición // aparición
favorables // adversas

1c Students translate the article into English.

Possible translation

Development brings with it enormous difficulties. The quality of life in major cities has deteriorated greatly. Our great urban centres have become the principal centres of pollution on our planet due to overpopulation, insufficient waste disposal systems and pollution from industry and vehicle emissions. The growth and density of world population are ever increasing. Every year there are 9 million births; three children are born every second and two of them are destined to live in conditions of poverty. Another consequence [of overpopulation] is the phenomenon of people displaced by ecological disasters. In recent years 100 million people have been forced to leave their countries tbecause they live in areas where the climate is inimicable and they can barely subsist.

 2 Students listen to the report. They consider whether the statements are true (*V*) false (*F*).

1 *V*   **2** *V*   **3** *F*   **4** *V*   **5** *V*

P 108, actividades 2a y 2b

Las metrópolis consumen cantidades enormes de energía y de recursos, y generan toneladas diarias de residuos industriales y domésticos.

Los procedimientos comunes para la eliminación de desechos en casi todos los países subdesarrollados han sido verterlos en ríos y mares, enterrarlos en terrenos bajos e incinerarlos.

Sin embargo, estas son prácticas altamente contaminantes de las napas, las aguas superficiales y la atmósfera.

Los desechos no biodegradables, llamados así porque no pueden ser descompuestos rápidamente por la acción de organismos vivos como las bacterias, presentan un problema particular. Los plásticos ocasionan el mayor inconveniente en las ciudades pues se emplean en grandes cantidades para envases y embalajes, perduran por mucho tiempo en el ambiente, resulta difícil reciclarlos y además su incineración genera dioxinas altamente tóxicas.

Por otro lado, el tránsito también genera mucha contaminación. Los vehículos emiten gases nocivos y el intenso ruido que hacen produce contaminación acústica.

Aunque los espacios verdes son considerados como una condición necesaria para el equilibrio de toda ciudad moderna, en muchos casos el cinturón verde que las rodeaba se ha perdido para dar espacio a viviendas, fábricas, aeropuertos y grandes superficies comerciales, ya que la valorización económica de los terrenos ha aumentado notablemente.

En muchos países, las arduas condiciones de vida en las áreas rurales resultan en la migración a las ciudades donde surgen barrios marginales con carencias en infraestructura sanitaria y asistencial. Se estima que en las ciudades de América Latina y Asia, del 50 al 75% de la población vive en estas condiciones.

3a Work in pairs. Students read the text on biodiesel. They prepare ten questions, which they will put to a partner, based information in the text and their personal opnion. Students should reflect on the topics listed.

3b Class discussion. Students consider the initiative suggested in the text and then consider whether it is a good idea and whether there are any problems they foresee.

5 S.O.S. ¡Protejamos nuestro planeta!

Resources

Students' Book page 109
CD 3, track 21

1 Students read the article on easy Jet. They use the verbs listed to complete the text. The verbs must be put in the correct tense and person.

Answers:

1 *intentan;*	**2** *volar;*	**3** *decir;*
4 *sea;*	**5** *ofrece;*	**6** *compensar;*
7 *pueden;*	**8** *hacer*	**9** *crea;*
10 *cuenta*		

2a Students listen to the track about CO_2 emissions and match the statements 1–4 with the themes listed a–d.

P 109, actividad 2

1 Se están desarrollando materiales menos pesados, diseños más aerodinámicos y mejores motores que reducen el consumo de carburante y asimismo de emisiones. El Airbus A380, por ejemplo, tiene un consumo de carburante de tan sólo 3 litros por pasajero por cada 100 kilómetros, lo que genera solamente 75 gramos por pasajero por kilómetro comparado con la industria Europea del motor que espera conseguir 140 gramos de CO_2 por kilómetro durante este año.

2 Cuanto más pesa el avión, más carburante consume. Cada viajero puede poner su granito de arena viajando ligero de equipaje, pues la reducción cumulativa de peso contribuye aun ahorro de carburante y así pues a una reducción de emisiones. Un avión puede ahorrar 34.000 litros de carburante por cada kilo menos por pasajero.

3 El medio que empleamos para viajar al aeropuerto influye en las emisiones de CO_2 y en la calidad del aire del entorno. Los aeropuertos y las aerolíneas promueven el uso de transporte público para reducir atascos y limitar las emisiones producidas por los autos. El tren Heathrow Express de Londres, por ejemplo, transporta a 5,5 millones de pasajeros anualmente lo que supone 3.000 coches menos en la carretera cada día.

4 Tu reserva es el primer paso hacia tu viaje. Los billetes electrónicos eliminan la necesidad de imprimir billetes y así reducen la cantidad de papel utilizado. Esto es mejor para el medioambiente y salvará 50.000 árboles cada año lo que supone más o menos 4,5 kilómetros de bosque.

Answers:

1 *d*	**2** *a*	**3** *c*	**4** *b*

2b Students listen again. Students match the figures to the appropriate words and explain their significance in their own words.

Answers

5.500.000 *pasajeros*
140 *gramos de CO_2*
34.000 *litros de carburante*
3 *litros de carburante*
100 *kilómetros*
50.000 *árboles*
75 *gramos de CO_2*
3.000 *coches*

3 Students read the two statements. They choose one and they consider how to present its main message and develop the principal ideas. They present their point of view to a companion or their teacher and must be prepared to defend their stance, answer questions and refute contrary opinions.

6 Avances científicos, médicos y tecnológicos

Resources

Students' Book page 110
CD 3, track 22

1a Students read the ideas and classify them as showing technophile or technophobic tendencies.

Answers:

Technophile: *b c f g i*
Technophobic: *a d e h j*

1b Class discussion. Students look at the card and the statements in the speech bubbles. They choose one of the ideas and consider how to propose it and develop it. Students should be ready to answer questions, deal with opposing claims and justify their opnions. They begin by presenting their point of view.

2 Students listen to the article and answer the questions in English.

P 110, actividad 2

Dos pacientes del Reino Unido han recuperado parcialmente la vista al recibir el implante de un ojo biónico. La tecnología – que aún está en fase preliminar – podría en un futuro ayudar a curar la ceguera.

Los dos británicos se quedaron ciegos a causa de una enfermedad hereditaria llamada retinitis pigmentosa, y unas semanas después de su operación, ambos se recuperan bien.

En declaraciones a los medios de comunicación, el cirujano ocular Lyndon da Cruz, quien practicó las operaciones, describió el acontecimiento como "excitante".

A través de la diminuta cámara en sus lentes que proyecta imágenes a su cerebro, el tipo de visión que han conseguido los pacientes no es de buena calidad pero ahora pueden ver la luz, formas y movimiento en su entorno lo que representa una mejora en su movilidad y calidad de vida.

Answers:

1 blind;
2 heredity illness;
3 it is in its early stage;
4 the surgeon;
5 a camera in the lens of the eye projects images on the brain;
6 they can see forms, light and movement and can move more easily

3 Students read the headlines. They write 250 words expressing their opinion on the subject.

7 Talento Hispano

Resources

Students' Book page 111
CD 3, track 23

1 Students translate the text into Spanish.

Sample translation:

Una vez más en la edición de este año de "River Festival" los visitantes tendrán la oportunidad de acercarse un poco más a Buenos Aires, la ciudad que dio a luz al fenómeno del Tango.
Este año "River Tango" promete ser incluso más grande y mejor que nunca: cuatro días de actuaciones deslumbrantes, talleres dirigidos por los mejores profesores internacionales de Tango y música en vivo, junto a barbeques tradicionales argentinos, cerveza y vino, puestos sirviendo mate, puestos de artesanía y productos relacionados con el Tango como zapatos, o CDs.
Todo promete ser una apasionada y memorable experiencia. ¡Nos vemos allí!

2a Students listen to the radio interview. They identify the words and phrases that mean the same as the phrases listed.

P 111, actividades 2a y 2b

– Buenas noches radioyentes, en nuestra tertulia de hoy hablamos sobre el Tango, sobre ese Tango Argentino tan inolvidable. Vamos a ver, Tito ¿vos que pensas?

– El Tango argentino es música y poesía que se desahoga en un baile nostálgico y lleno de fuerza.

– ¿Música y poesía decís?

– Sí, yo estoy de acuerdo, el Tango es muy bello. Como música, es embriagante, bohemio y de clase.

– Está bien. Y pues, ¿el Tango cómo poesía?

– Como poesía es triste y desgarradora. Las canciones son melancólicas y honestas.

– Para mí es una crónica del desamor, del adiós, del abandono. Es el desahogo de una pena imposible de explicar pero fácil de cantar.

> – Está bien, pero el Tango es un baile ¿no?
>
> – Es el baile más sensual y apasionado. Como vos dijiste, el tango es inolvidable para quien lo escucha y para quien lo siente.

Answers:

1 *se desahoga*
2 *lleno de fuerza*
3 *del desamor*
4 *una pena*

 2b Students listen again and note the adjectives in Spanish with equivalent meaning as the English words listed.

Answers:

unforgettable = *inolvidable*   honest = *honestas*
impossible = *imposible*   sad = *triste*
heart-rending = *desgarradora* easy = *fácil*
beautiful = *bello*   sensual = *sensual*
melancholic = *melancólicas*   nostalgic =*nostáligico*
intoxicating = *embriagante*

2c Students complete the table of nouns and verbs relatimg to these adjectives following the example.

Answers:

adjetivo	sustantivo	verbo
inolvidable	olvido	olvidar
honesto	honradez	ser honesto
Imposible	imposibilidad	impedir
triste	tristeza	entristecer
desgarradoro	desgarro	desgarrar
fácil	facilidad	facilitar
bello	belleza	embellecer
sensual	sensualidad	sensibilizar
melancólico	melancolía	ser melancólico
nostálgico	nostalgia	ser nostálgico
embriagante	embriaguez	embriagarse

3 Class discussion on the Tango. Students follow the prompts.

4a Students read the synopsis about the film. They identify which of the statements 1–6 is correct.

Answers:

1, 4 and 6 are correct.

4b Students write a synopsis of a film that they have seen recently at the cinema or on DVD. They should try to improve their vocabulary by using terms they have encountered in Exercises 2b and 2c.

8 Política y polémicas globales

Resources

Students' Book page 112
CD 3, track 24

 1a Students listen to the aims expressed in the preamble to the Spanish Constitution. They read the subjects listed a–f and decide which aim of the Consitiution they refer to.

P 112, actividad 1a

1 Garantizar la convivencia democrática dentro de la Constitución y de las leyes conforme a un orden económico y social justo.
2 Consolidar un Estado de Derecho que asegure el imperio de la ley como expresión de la voluntad popular.
3 Proteger a todos los españoles y pueblos de España en el ejercicio de los derechos humanos, sus culturas y tradiciones, lenguas e instituciones.
4 Promover el progreso de la cultura y de la economía para asegurar a todos una digna calidad de vida.
5 Establecer una sociedad democrática avanzada.
6 Colaborar en el fortalecimiento de unas relaciones pacíficas y de eficaz cooperación entre todos los pueblos de la Tierra.

Answers:

a 3   b 1   c 6   d 4   e 2   f 5

1b Students read the definition of a constitution. They imagine that their school or college is a 'state' and invent a constitution with at least ten aims. They use the example as a guide.

Answers:

2 Students read the comments and identify who is speaking.
1 Manuel   2 Manuel   3 Lucía
4 Lucía   5 Manuel

3a Class discussion. Students read the article and use the questions as a guide to their discussion.

3b Students research the origins and ojectives of FARC. They write an essay of about 500 words.

9 Patrimonio e historia

Resources

Students' Book page 113
CD 3, track 25

1a Students read the text on the celebration of Holy Week and answer the questions in English.

Answers should include:

1 Holy Week = the Paasion, Crucifxion and Resurrection of Jesus Christ
2 Mourners burn incense and carry lanterns as they process behind the man who carries the cross.
3 People pray silently, weep and do penance, and this, with the incense and statues of Christ crucified, creates the atmosphere.
4 The funeral processions are led by women and in honour of the Virgin Mary
5 With fireworks
6 They are a symbol of sacrifice – they take months to plan and weeks to prepare and are destroyed in seconds

1b Students answer in Spanish.

Answers in students own words.

2a Students listen to the legend and complete the statements to match the story.

P 113, actividades 2a y 2b

Érase una vez una guerra entre normandos y francos. El ejército franco se veía perdido cuando Carlos - su rey franco llamado el Calvo - pidió auxilio a los catalanes. El conde de Barcelona **acudió inmediatamente a socorrer a su aliado**, y la presencia catalana fue decisiva: los francos recuperaron sus fuerzas y con los catalanes echaron al invasor normando.

Pero **la lucha fue feroz**, y Guifré el Pilós, conde de Barcelona, resultó herido y fue trasladado a la tienda del rei franco. En cuanto acabó la batalla, Carlos fue a visitar a

---

su aliado y sobrino preguntándole lo que quería en recompensa por su ayuda. Guifré le rogó que velara por su pueblo catalán y le diese una bandera. Carlos embadurnó sus dedos en la sangre de las heridas del conde moribundo y los deslizó sobre la superficie dorada de escudo de Pilós. Y dice la leyenda que es de esta manera que los catalanes tienen una bandera ganada de forma heroica por el primer 'conde-rey' de Barcelona.

Answers:

1 *El apodo del rey franco nos hace suponer que era amigo de los catalanes.*
2 *Sin ayuda de los catalanes los francos hubiesen perdido la guerra.*
3 *La batalla fue un éxito porque con la ayuda de los catalanes echaron a los normandos.*
4 *Como muestra de agradecimiento Carlos prometió velar por el pueblo catalán.*
5 *Las cuatro barras rojas de la bandera catalana representan los dedos embadurnados con sangre de Carlos.*
6 *En Cataluña Guifré el Pilós se considera un héroe.*

2b Students use their own words in Spanish to explain the four phrases from the clip (in bold in the transcript). If necessary they listen to the track again.

Possible answers:

1 *Vino enseguida para ayudar a su amigo militar*
2 *Fue una pelea brutal, muy violenta*
3 *Le pidió que cuidara de su nación.*
4 *Cubrió sus dedos de sangre.*